나의 첫 번째 프랑스 요리
My First French Cuisine

나의 첫 번째 프랑스 요리
My First French Cuisine

김모아 지음

BnCworld

prologue

볕 좋은 어느 봄날, 출판사로부터 '집에서 누구나 쉽게 만드는 프랑스 요리책'을 써보지 않겠느냐는 제안을 받았어요. 프랑스 요리는 고급 레스토랑에서 먹는 비싼 요리라는 편견을 깨고 편안한 프랑스 요리를 선보이고자 긴 시간 '꼼모아'를 운영해 온 노력이 인정받는 것 같아 내심 흥분되고 기뻤지요. 그러나 설레는 마음은 잠시였어요. '어떻게 해야 세상에서 가장 쉬운 방법으로 프랑스 요리를 소개할 수 있을까' 거듭되는 고민에 잠이 안 올 지경이었어요.

우선 메뉴를 정하는 것부터 난제였어요. 나름대로 정통 프랑스 요리를 만드는 사람이라고 자부하던 터라 프랑스 요리를 제대로 소개하고 싶은 마음이 앞섰지요. 그래서 처음에는 구색을 갖춘 프랑스 요리를 잔뜩 써 놓고 재료에 따라 카테고리를 나누었어요. 그러다 욕심이 나서 유명 레스토랑에서 맛볼 수 있는 요리도 더하고, 우리나라 사람들에게 잘 알려진 특별한 요리도 보태고요. 하루에도 몇 번씩 오락가락하는 마음으로 주변의 조언을 구했지요. 그러던 중 친한 프랑스 친구가 "이건 집에서 흔히 먹는 요리가 아니잖아, 프랑스 사람이 집에서 진짜 먹는 집밥을 알려 줘야지" 라고 하는 거예요. 그 순간 어떤 책을 만들어야 할지 명확해지더라고요. 이 책은 프랑스 가정에서 먹는 '진짜 집밥'을 콘셉트로 하고 있어요. 레시피를 정리하는 과정에서 현지 친구들의 도움도 많이 받았어요. 분량이 간소한 집밥 레시피는 한 번에 많은 양을 만들어야 하는 레스토랑의 레시피와는 재료와 구성이 다르기 때문에 모든 레시피를 새롭게 만들어야 했어요. 집에서 누구나 쉽게 만들 수 있도록, 어렵고 번거로운 과정은 최소화하고 고유의 맛을 지키기 위해 정말 수많은 테스트를 거쳐야 했어요. 또, 사전에 준비해야 하는 항목들은 따로 표기해 한층 수월하게 만들 수 있게 했고, 생소한 용어나 사용법, 관리법, 주의해야 할 사항 등을 덧붙여 정확하게 전달될 수 있도록 했어요.

음식은 과거와 현재를 잇는 추억의 매개체라고 하죠. 레시피를 돌아보며 작업을 다시 하다 보니 음식을 나누었던 순간, 함께했던 사람들, 날씨, 분위기 등 추억이 담긴 장면들이 하나하나 떠올랐어요. 여러분도 '나의 첫 번째 프랑스 요리'와 함께 소중한 사람들과 예쁜 추억을 한장 한장 쌓아 보세요.

끝으로 책을 준비하는 동안 책을 쓸 수 있도록 꼼모아를 지켜 준 수민, 도움이 필요할 때 자기 일처럼 발 벗고 나서 준 성혜, 이 책을 기획하고 내기까지 예쁜 책, 좋은 책 만들자며 함께 애써 준 선경 씨와 비앤씨월드 식구들, 그리고 언제나 뒤에서 묵묵히 저를 지지해 주고 존재 자체만으로 힘이 되는 사랑하는 우리 가족, 그 밖에도 곁에서 응원해 주신 모든 분들께 고마움을 전하고 싶습니다.

김 모 아

LA CUISINE À *Séoul*

꼼 모 아
COMME MOA

'동네 밥집 같은 프렌치 레스토랑'을 꿈꾸며 문을 열었던 꼼모아가 어느덧 8주년을 맞았어요. 흔히 프랑스 요리는 격식을 갖춰 먹는 정찬이란 생각 때문인지 만들기도 어렵고 가격도 비싸다는 편견이 있어요. 하지만 막상 프랑스에 가 보니 프랑스 사람들 대부분은 평범하고 소박한 음식을 즐기더라고요. 꼼모아는 그런 편안한 요리들을 소개해 드리고 싶은 마음에서 시작되었어요.

그동안 참 많은 분들이 다녀가셨고 그분들 덕분에 저도 많이 성장할 수 있었지요. 오픈 초기부터 줄곧 찾아주시던 단골손님들 중에는 저의 소중한 친구가 된 분들도 적지 않아요. 레스토랑에서 만나 결혼하고 기념일에 다시 찾거나, 어느 날 아기를 안고 오는 커플들을 보면 공연히 제 마음도 뭉클해져요. 그런 소중한 순간들을 함께 했다니 말이에요. 또 가끔 손님들과 음식 이야기를 나누다 보

면 저도 모르게 놓치고 있던 부분을 깨닫는 경우도 있어요. 좋은 영감을 주는 분들도 더러 계시고요. 한번은 단골 손님에게 전화가 왔어요. 곧 아버님 생신인데 아버님께서 '비프 웰링턴'이란 음식을 꼭 맛보고 싶어 하신다고요. 그런데 그 음식을 하는 아는 곳이 없다며 저에게 만들어 줄 수 있겠느냐고 조심스럽게 물었어요. 비프 웰링턴은 엄밀히 따지면 영국 요리이기도 하고, 기존 메뉴에 없던 메뉴지만 여러 번 테스트를 해 테이블에 낼 수 있었어요. 다행히 아버님께서 너무 좋아해 주셨고, 운 좋게 방송에도 출연하는 계기가 됐어요. 그리고 그 후에도 입소문을 타 꼼모아를 대표하는 정식 메뉴 중 하나가 되었답니다.

매년 4월, 따뜻한 봄날이 되면 가게 앞으로 큰 택배 상자가 도착해요. 바로 꼼모아의 테라스를 예쁘게 채워주는 제라늄인데요, 오픈 초기 추운 겨울에 방문하셨던 한 단골손님께서 그해 봄부터 매년 한 번도 빠지지 않고 제라늄을 보내주세요. 제가 꼼모아를 열지 않았더라면 누리지 못할 호사지요. 평소와 다름없이 바쁘게 지내다가 제라늄을 받으면 또 새로운 봄이 왔음을 실감해요. 올 봄도 꼼모아의 테라스를 붉게 물들일 제라늄, 구경하러 한번 오시겠어요?

#French_Bistro#Restaurant #Easy_French #Hbc#Inspiration#Beef_Wellington #Annual_present #Spring #Geranium

Contents

- 004 　프롤로그 Prologue
- 006 　**LA CUISINE À** *Séoul* 꼼모아
- 012 　팬트리 리스트 Essentiels du Garde-manger
- 018 　계량하기 Mesure des Ingrédients
- 019 　미리 준비하기 Préparation de Base
  - 019 │ 부케가르니 Bouquet Garni
  - 020 │ 닭육수 Fond de volaille
  - 021 │ 채수 Bouillon de Légumes
  - 022 │ 베샤멜소스 Béchamel
  - 023 │ 파트브리제 Pâte Brisée
  - 024 │ 수란 Oeuf Poché
  - 025 │ 머랭 Meringue
  - 026 │ 생크림 휘핑하기 Crème
  - 027 │ 크루통 Croûton

CHAPITRE I
집에서 즐기는 프랑스식 브런치

- 030 　리오네즈 샐러드 Salade Lyonnaise
- 032 　니수아즈 샐러드 Salade Niçoise
- 036 　비네그레트 소스를 곁들인 대파 샐러드 Poireaux Vinaigrette
- 040 　그린 아스파라거스와 수란 Oeufs Pochés aux Asperges
- 042 　에그미모사 Oeuf Mimosa
- 044 　키슈 로렌 Quiche Lorraine
- 048 　브리오슈 프렌치 토스트 Pain Perdu
- 052 　잠봉뵈르 샌드위치 Jambon-beurre
- 054 　연어 아보카도 크루아상 Croissant au Saumon
- 056 　크로크무슈 Croque-monsieur
- 058 　양송이 & 시금치 갈레트 Galette Épinard-champignon
- 062 　**LA CUISINE À** *France* 프랑스인들의 하루 식사

CHAPITRE II
정통 프랑스 식탁으로 초대합니다

- 066 비시수아즈 Vichyssoise
- 070 프렌치 어니언 수프 Soupe à l'oignon
- 072 라타투이 Ratatouille
- 076 해산물 볼로방 Vol au Vent aux Fruits de Mer
- 080 대구 브랑다드 Brandade de Morue
- 082 물 마리니에르 Moules Marinières
- 084 뵈프 부르기뇽 Bœuf Bourguignon
- 088 단호박 퓌레를 곁들인 오리 가슴살 Magrets de Canard au Miel
- 092 코코뱅 Coq Au Vin
- 096 후추 크림 소스를 곁들인 스테이크 Steak Au Poivre
- 100 **LA CUISINE À** *France* 프랑스 지역별 음식과 와인 이야기

CHAPITRE III
에어프라이어로 손쉽게 만드는 프랑스 요리

- 104 소고기 토마토 파르시 Tomates Farcies
- 108 엔다이브 잠봉 Endive au Jambon
- 112 그라탱 도피누아 Gratin Dauphinois
- 114 피살라디에르 Pissaladière
- 118 연어 파프리카 파피요트 Saumon en Papillote
- 122 페이스트리로 감싼 가리비 Coquilles Saint-Jacques Lutées
- 126 풀레 로티 Poulet Rôti
- 128 흑돼지 프렌치렉 스테이크 Côtelette de Porc
- 132 **LA CUISINE À** *France* 노버터, 노라이프

CHAPITRE IV
홈술 파티, 치즈를 가장 맛있게 즐기는 방법

- 136 브리치즈구이 Brie Fondant
- 138 파르메산 튀일 Tuiles au Parmesan
- 140 케이크 살레 Cake Salé
- 144 카망베르 크로켓 Croquettes de Camembert
- 148 부라타치즈와 방울토마토 Burrata aux Tomate Cerise
- 152 팽 에리송 Pain Hérisson
- 154 구운 비트 카르파초 & 리코타 Carpaccio de Betterave et Ricotta
- 158 콘 수플레 Soufflé au Fromage et Maïs
- 162 퐁뒤 사부아야르드 Fondue Savoyarde
- 164 치즈 & 샤퀴트리 플레이트 Plateau de Fromage et Charcuterie
- 166 **LA CUISINE À** *France* 당신의 눈동자에 건배를

CHAPITRE V
달콤한 미소가 지어지는 디저트와 드링크

- 170 일 플로탕트 Île Flottante
- 174 딸기 베린 Verrine Fraise
- 176 프로피테롤 Profiterole
- 180 바닐라 크렘 브륄레 Crème Brûlée à la Vanille
- 184 퐁당 오 쇼콜라 Fondant au Chocolat
- 186 타르트 오 폼므 Tarte aux Pommes
- 190 복숭아 클라푸티 Clafoutis aux Pêches
- 192 크레이프 쉬제트 Crêpes Suzette
- 196 사블레 브르통 Sablé Breton
- 198 피낭시에 Financier
- 200 뱅쇼 Vin Chaud
- 202 키르 로열 Kir Royal
- 204 모나코 & 트위스트 비어 Monaco & Twist Bière
- 206 **LA CUISINE À** *France* 프랑스에서 가장 행복했던 순간

팬트리 리스트

Essentiels du Garde-manger

프랑스 식재료의 다양성과 방대함은 이루 말할 수 없지만 일반 가정에서 쓰이는 기본 식재료, 조미료, 향신료는 의외로 단순해요. 마트나 온라인몰에서 흔히 구입할 수 있는 재료로 충분하답니다. 프랑스 가정 요리에 늘 등장하는 식재료를 소개할게요.

밀가루 *Farine*

우리나라의 밀가루는 크게 단백질 함량에 따라 강력분, 중력분, 박력분으로 구분하죠. 일반적으로 가정에서 면 요리, 수제비 등을 만들 때 사용하는 밀가루는 다목적으로 사용하는 중력분이고, 빵류를 만들 때는 강력분, 디저트를 만들 때는 글루텐 함량이 적은 박력분을 사용해요. 프랑스의 밀가루 구분 기준은 도정 정도에 따른 미네랄 함량이에요. T45, T55, T65, T80, T110, T150으로 총 6가지로 분류해요. 국내에도 다양한 종류가 수입되고 있어요. 그렇지만 이 책에서는 국내에서 가장 쉽게 구할 수 있는 중력분과 박력분을 사용했어요.

달걀 *Oeuf*

달걀은 실온에 미리 꺼내두었다가 사용하는데, 달걀 한 개의 무게는 약 60g, 흰자는 30~35g, 노른자는 약 20g, 나머지는 껍데기의 무게예요. 달걀은 레시피에 따라 온도의 영향을 받기도 하는데요, 수란을 만들 때는 특히 신선한 달걀이 필요해요. 깨뜨렸을 때 노른자가 중앙에 높이 솟아 있고 탄력이 있으며 흰자의 점도가 진해 노른자를 잘 감싸고 있어야 해요.

샬롯 *Échalote*

작은 양파처럼 보이는 샬롯은 양파와 비슷한 용도로 쓰지만 단맛이 강하고 매운맛은 덜해요. 프랑스에서는 집집마다 늘 구비해 두는 재료 중 하나죠. 생으로 샐러드에 넣기도 하고 그릴에 굽거나 고기, 생선 요리에 사용하기도 해요. 국내에서는 대형마트에서 쉽게 구할 수 있어요. 구하기 어렵다면 양파와 마늘을 1:1로 사용해 보세요.

빵 *Pain*

프랑스에서 빵Pain은 바게트나 캉파뉴 같은 하드 계열을 말해요. 크루아상, 팽 오 쇼콜라와 같은 페이스트리류는 비엔누아즈리Viennoiserie라고 하지요. 프랑스에서 빵은 모든 곳에, 모든 시간에, 매 끼니에 빠지지 않아요. 대략 70여 종의 지역 특산 빵Pains regionaux이 있고 지역마다 독특한 맛과 모양을 가지고 있어요. 프랑스에서는 그 명성에 걸맞게 빵을 문화유산으로 지정하고 재료와 레시피를 법률로 정하고 있기도 해요.

머스터드 *Moutarde*

머스터드는 겨자나무 씨앗으로 만든 향신료로 톡 쏘는 향과 매운 맛이 특징이에요. 흔히 갈색이나 검정색 씨를 갈아 물이나 화이트와인에 개어 사용하는데 요즘은 시판용 페이스트를 주로 사용하지요. 간 겨자씨에 와인, 소금, 향신료 등을 넣어 만든 어두운 노란 빛의 디종 머스터드Moutarde de Dijon와 통겨자씨가 그대로 들어간 홀그레인 머스터드Moutarde à l'ancienne가 대표적이에요. 샐러드 드레싱과 소스, 육류 요리에 주로 쓰이지요. 스테이크를 먹을 때 소금과 함께 곁들이기도 하고요.

우유 *Lait*

요리에 우유를 넣으면 우유의 유당이 단맛을 내서 향과 맛을 더욱 부드럽게 해요. 고기의 비린내와 잡내를 잡는 역할을 하기도 하고, 소스를 만들 때도 풍미를 한층 높여 주지요. 빵이나 과자를 만들 때 사용하기도 하고, 커피나 홍차 등에 곁들여 먹기도 하고요. 버터, 치즈의 원재료이기도 한 우유는 프랑스 요리에서 절대 빠질 수 없는 식품이지요.

바닐라 *Vanille*

아이스크림, 무스, 케이크, 쿠키 등 프랑스 디저트에 빠져서는 안 될 중요한 재료인 바닐라빈은 긴 깍지 안에 자잘한 바닐라 씨앗이 빽빽하게 채워져 있어요. 소량만 넣어도 달콤한 향과 은은한 꽃 향이 배어 디저트의 풍미를 좋게 하고 달걀의 비린내를 잡아주는 향신료지요. 페이스트, 오일, 에센스, 엑스트랙트 등 다양한 형태로 가공되어 유통된답니다.

넛메그 *Noix de muscade*

육두구라고도 불리는 넛메그는 '사향 향기가 나는 호두'라는 뜻을 가진 향신료예요. 육류, 생선뿐만 아니라 유제품의 잡내를 없애는데도 매우 효과적이어서 소스에 두루 쓰여요. 시중에 판매 중인 가루 형태도 좋지만, 알이 크고 끝이 뾰족한 넛메그를 구매하여 사용하기 직전에 그레이터에 갈아서 쓰면 최상의 향을 즐길 수 있어요. 소량씩 사용하기 때문에 오랫동안 보관하면 변질될 수 있으므로 그때그때 필요한 만큼 구입해 사용하는 것이 좋아요.

후추 *Poivre*

향신료의 왕이라 불리는 후추는 정확히는 후추나무의 열매를 말해요. 고유의 알싸한 향과 매운맛으로 프랑스 요리에 빠질 수 없는 향신료 중 하나지요. 기본적으로 흑후추, 백후추, 녹후추, 적후추 이렇게 4가지 색으로 구분되는데 프랑스 마트에 가면 이 4가지 종류를 섞은 혼합 후추도 판매하고 있어요. 이 책에서는 파우더형 조미 후추가 아닌 통으로 된 흑후추를 페퍼밀 *Moulin*에 갈아서 사용했어요. 입자의 굵기를 조절해 요리의 맛과 향의 변주가 가능하거든요. 오랫동안 끓여야 하는 육수에 사용할 때는 서서히 향을 우려낼 수 있게 통째로 넣은 뒤 마지막에 건져 내세요.

양파 & 셀러리 & 당근 *Céleri & Carotte*

프랑스 요리에서 맛을 내는 가장 기본이 되는 식재료를 3가지만 뽑으라면 양파, 셀러리, 당근을 들 수 있어요. 미르푸아*Mirepoix*라고 불리는 이 세 가지 재료는 소스, 스톡, 수프, 스튜 등을 만들 때 향과 맛, 풍미를 더하기 위해 사용하지요. 양파 : 셀러리 : 당근을 2 : 1 : 1의 비율로 썰어서 준비해요. 조리시간에 따라 채소의 크기는 달라질 수 있어요. 약한 불에 버터나 올리브유 등을 추가해 갈색으로 변할 때까지 볶아 만들어요. 용도에 따라 따로 건져 내거나 곱게 갈아서 사용하기 때문에 채소를 다듬고 남은 부분을 사용해도 돼요.

마늘 *Ail*

프랑스 유학 초창기 시절 저의 고민은 '혹시 나에게 마늘 냄새가 나면 어쩌지?'였습니다. 유럽사람들은 마늘 향에 예민하고 그 특유의 향을 싫어한다는 이야기를 괴담처럼 익히 들었기 때문이지요. 하지만 그런 걱정은 기우에 불과했어요. 생마늘도 즐겨 먹는 우리나라만큼은 아니어도 프랑스 요리에서 마늘은 중요한 재료 중 하나지요. 마늘은 껍질이 하얀 것과 붉은 것으로 나뉘는데, 따뜻한 지역에서 자란 마늘보다 차가운 기후에서 자란 마늘의 맛이 더 강해요. 프랑스인들은 마늘 자체의 맛을 즐기기보다는 주재료에 향을 더하는 역할로 애용하는데요, 구이나 찜 요리, 육수 등에 향신료의 개념으로 사용해요.

파슬리 *Persil*

계절의 영향을 크게 받지 않고 다양한 재료와 함께 두루 사용되는 파슬리는 그야말로 팔방미인 허브라고 할 수 있어요. 잎이 곱슬곱슬한 컬리파슬리와 넓적한 이탈리안파슬리가 있는데, 줄기는 부케가르니로 만들어 육수에 넣고, 잎은 잘게 썰거나 다져 각종 소스에 활용해요. 요리 마무리 단계에 뿌려 주기도 하고요.

부케가르니 *Bouquet Garni*

'잘 꾸며진 꽃다발'이라는 의미의 부케가르니는 프랑스 요리에서 풍미를 더해 주는 역할을 하는 허브 묶음이에요. 보통 육수를 내거나 수프, 스톡, 소스 등을 만드는 데 사용하는데, 전통적 모양새의 부케가르니는 타임, 파슬리, 월계수 잎 등의 신선한 허브를 한데 모아 조리용 면실로 묶어 만들어요. 육수를 우려낸 부케가르니는 번거롭게 골라내거나 망에 따로 거르지 않고도 손쉽게 건져 낼 수 있어 편리해요. 실로 묶는 대신 다시백을 이용해도 좋아요.

올리브유 *Huile d'olive*

올리브유는 나라별, 지역별, 또는 품종에 따라 맛과 향이 천차만별이에요. 올리브유는 산도에 따라 크게 '버진 올리브유'와 '퓨어 올리브유'로 나뉘어요. 수확한 올리브의 씨를 제거한 후 저온에서 압착해 첫 번째로 얻은 기름을 '버진'이라고 하는데, 산도가 0.8% 미만인 기름을 '엑스트라 버진'이라고 해요. 주로 샐러드에 이용하고요. 퓨어 올리브유는 버진 올리브유와 정제된 올리브유를 20:80 비율로 혼합한 것이에요. 올리브유는 발연점이 낮으므로 짧게 조리하거나 낮은 온도에서 요리할 수 있는 음식에 사용하는 것이 좋아요.

버터 *Beurre*

버터는 우유 속 지방을 분리해 크림화하여 응고시킨 유제품으로, 대부분은 지방과 수분으로 이루어져 있어요. 소금의 첨가 여부에 따라 소금이 첨가되지 않은 것은 무염버터, 1~5%의 소금이 첨가된 버터는 가염버터예요. 버터는 변질되기 쉬워 보관에 신경 써야 해요. 유통기한은 냉장고에서 2개월, 냉동실에서 약 7~8개월 정도예요. 소분하여 밀폐용기에 담거나 랩을 씌운 뒤 냉동보관해 사용하고 냄새를 잘 흡수하므로 강한 냄새가 나는 음식과는 같이 보관하지 않도록 하세요.

치즈 *Fromage*

세상에는 셀 수 없이 많은 종류의 치즈가 있지만, 특히 프랑스는 '치즈의 나라'라고 불릴 만큼 각 지역에 따라 특산품처럼 다양한 치즈가 생산돼요. 프랑스에는 '한 마을에 한 가지 치즈가 있다'라는 말이 있을 정도로 제조 과정, 숙성 방식, 기간 등에 따라 분류 기준과 명칭도 많답니다. 연간 치즈 소비량이 1인당 약 26kg이라고 하니, 전 세계에서 치즈 생산량과 소비량이 가장 많은 국가 중 하나임은 분명해요. 그만큼 프랑스 사람들이 다양한 치즈의 맛을 즐기는 법 또한 잘 알고 있다는 뜻이겠지요. 요즘은 국내에서도 여러 종류의 치즈를 쉽게 만날 수 있어요. 치즈만을 주제로 한 카페나 레스토랑도 있고요. 맛도 모양도 가지각색인 치즈의 종류에 대해 알아볼까요?

모차렐라치즈 · 부라타치즈 · 리코타치즈
Mozzarella · Burrata · Ricotta

숙성 과정을 거치지 않고 커드에서 수분만 제거한 프레시치즈로 치즈 특유의 냄새가 없어 치즈를 좋아하지 않는 사람들도 즐길 수 있어요. 제조 기간이 짧아 치즈 자체가 신선하고 우유 맛이 나며, 껍질이 없고 촉촉해요. 모차렐라치즈는 유청을 빼낸 커드를 뜨거운 물에서 반죽해 약간의 끈기를 주고 동그란 모양으로 잘라 만들어요. 부라타치즈는 모차렐라치즈와 크림으로 만든 프레시치즈로, 부드러운 질감을 지니고 있고 버터와 우유의 풍미가 강한 편이에요. 리코타치즈는 치즈를 만들고 남은 유청whey에 우유나 크림을 첨가해 한 번 더 데워 만들기 때문에 정확히는 치즈라고 보기 어렵지만, 가정에서도 손쉽게 만들 수 있다는 장점이 있답니다.

ESSENTIELS
du Garde-manger

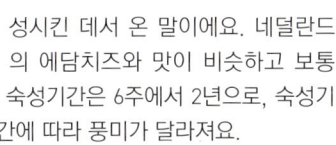

브리치즈 & 카망베르치즈
Brie & Camembert

둘 다 프랑스를 대표하는 원형 형태의 흰색 곰팡이 소프트치즈예요. 겉보기에는 비슷해 보이지만 브리치즈는 속이 크림색을 띠는데 비해 카망베르 치즈는 보다 노란색을 띠어요. 브리치즈는 식감이 가볍고 버터 향과 견과류 향이 느껴져요. 카망베르는 브리에 비해 좀 더 깊고 강한 맛을 띠며 버섯 향과 같은 흙냄새가 있어요.

에멘탈치즈 *Emmental*

'치즈'하면 떠오르는 여기저기 구멍 뚫린 노란 하드치즈예요. 스위스가 원산지이며 부드럽고 고소한 맛이 좋아요. 샌드위치를 만들 때 사용하거나 잘 녹는 성질이 있어 퐁뒤, 피자 등에 주로 사용돼요.

파르메산치즈 *Parmesan*

이탈리아 파르마 Parma 지역에서 생산되는 치즈로 프랑스에서 파르메장 Parmesan 으로 불리던 것이 영어로 옮겨져 유럽 이외의 나라에서는 파르메산이라고 불려요. 주로 완성된 요리에 뿌려 먹거나 리조토 등 요리에 다양하게 사용해요.

페타치즈 *Feta*

그리스를 대표하는 프레시치즈인 페타치즈는 세상에서 가장 오랫동안 만들어온 치즈 중 하나예요. 염소젖이나 양젖으로 만들며 소금물에 담가 숙성시켜요. 짠맛이 강한 편으로 주로 샐러드에 넣어 먹어요.

미몰레트치즈 *Mimolette*

미몰레트는 '중간 정도의 단단함'을 뜻하는 말로 '불 드 릴 Boule de Lille'이라고도 해요. 프랑스어로 '릴 Lille 지방의 공'이라는 뜻인데 미몰레트치즈를 릴 지방에서 숙성시킨 데서 온 말이에요. 네덜란드의 에담치즈와 맛이 비슷하고 보통 숙성기간은 6주에서 2년으로, 숙성기간에 따라 풍미가 달라져요.

블루치즈 *Bleu*

푸른곰팡이가 핀 치즈. 강한 향과 독특한 맛을 띠어요. 과일이나 크래커, 와인, 꿀 등과 함께 먹어요.

에푸아스치즈 *Époisses*

부르고뉴 지역에서 생산되는 연질치즈로 나폴레옹이 좋아한 치즈로 알려져 있어요. 와인을 만들고 남은 부산물로 약 3일에 한 번, 5주 동안 외피를 닦아 숙성시킨다고 해요. 맛과 향이 강렬하고 깊은 풍미를 가지고 있어요. 실온에 놓아두면 마치 크림처럼 흘러내려 스푼으로 떠먹거나 빵이나 크래커에 발라서 먹어요.

크림치즈 *Cream Cheese*

크림과 우유를 섞어 만드는 비숙성치즈로 맛이 부드럽고 끝맛이 고소해요. 주로 빵에 발라먹거나 샌드위치, 치즈케이크를 만들 때 사용하지요.

잠봉 *Jambon*

프랑스 사람들에게 사랑받는 잠봉은 다리를 뜻하는 프랑스어 장브 Jambe 에서 온 이름으로 돼지고기 뒷다리를 염장해 만든 '햄'을 말해요. 언젠가부터 우리나라에서 선풍적인 인기를 끌고 있는 잠봉 뵈르 샌드위치는 바게트를 반으로 잘라서 슬라이스한 버터를 얹고 얇게 저민 잠봉을 콜드 컷 그대로 채워 만들어요. 브런치 메뉴로 알려진 크로크무슈 역시 잠봉이 핵심 역할을 하는데요, 특별히 간을 하지 않아도 풍미를 좌우하는 재료예요.

INTRO 팬트리 리스트

계량하기
Mesure des Ingrédients

일상에서 자주 사용하는 숟가락이나 계량스푼을 사용하세요.
맛을 보고 부족하거나 더 필요하다고 생각하면 기호에 맞게 가감하세요.

(1큰술 = 약 15ml) (1작은술 = 약 5ml) (1컵 = 200ml 기준)

가루 및 다진 재료류 – 숟가락으로 가득 떠서 봉긋하게 | 종이컵 한가득

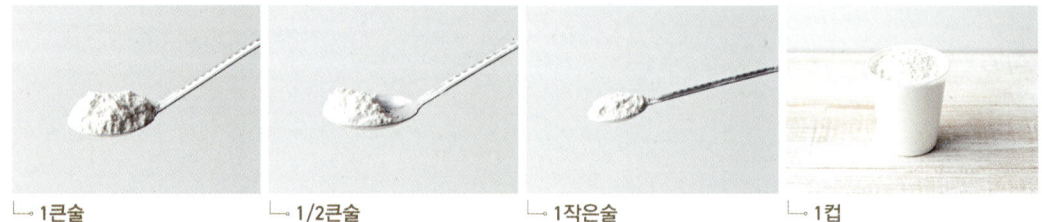

↳ 1큰술　　↳ 1/2큰술　　↳ 1작은술　　↳ 1컵

액체류 – 숟가락으로 가득 떠서 찰랑거리게 | 계량컵 눈금에 맞춰서 | 종이컵 한가득

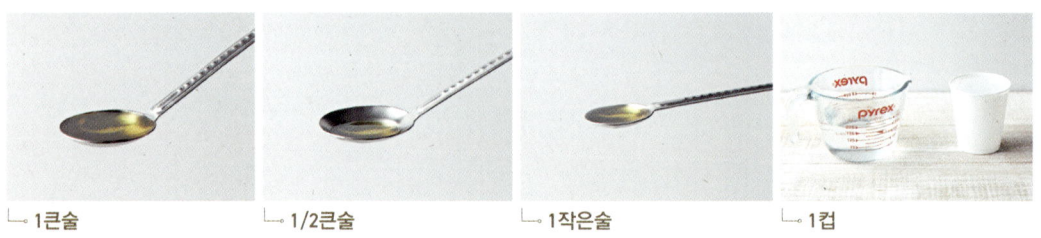

↳ 1큰술　　↳ 1/2큰술　　↳ 1작은술　　↳ 1컵

소스류 – 숟가락으로 가득 떠서 봉긋 올라오게　　**샐러드 채소류** – 들어 올렸을 때 손에 들어 오게

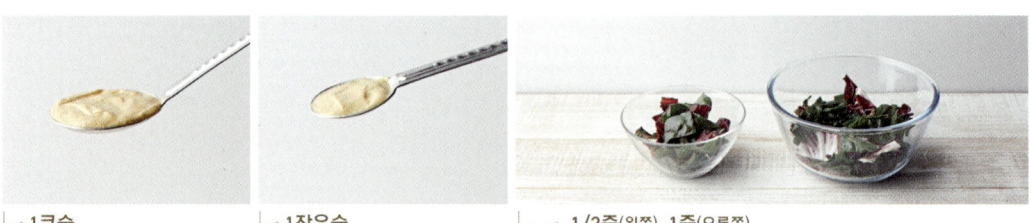

↳ 1큰술　　↳ 1작은술　　　　↳ 1/2줌(왼쪽), 1줌(오른쪽)

MOA'S *detail*
채소나 과일류는 철마다, 품종마다, 혹은 지역에 따라 그 크기나 모양이 다 제각각이라 '양파 반 개', '사과 한 개' 등의 계량법은 큰 의미가 없다고 생각해요. 하지만 집에서 만드는 요리이므로 이 책에서는 눈대중식 계량법과 그램, 리터를 함께 표기했어요. 처음 만드는 요리인 만큼 분량을 정확히 지키지 않으면 맛이 크게 달라질 수 있답니다.

PRÉPARATION de *Base*

미리 준비하기
Préparation de Base

재료를 미리 손질하거나 준비해 두면 조리 시간도 훨씬 단축되고 요리하기도 편리해요.
기본적으로 꼭 알아 두어야 할 프랑스의 대표 프렙 레시피들을 정리했어요.

부케가르니
Bouquet Garni

프랑스 요리에 육수를 내거나 수프, 스톡, 소스 등을 만들 때 빠지지 않고 등장하는 것이 바로 부케가르니예요. 우리가 육수를 낼 때 멸치나 디포리를 사용하는 것처럼 서양 요리에서는 신선한 허브를 한데 묶어 부케가르니를 만들어요. 부케가르니는 육수의 잡내를 제거하고 요리에 맛과 향을 더욱 풍부하게 해주는 역할을 해요.

Ingredients
타임 1줄기, 파슬리 2줄기, 월계수 잎 1장, 마늘 2쪽, 통후추 10알

How to make
1. 허브는 각각 10cm 길이로 자른다.
2. 모든 재료를 포개어 요리용 면실로 묶거나 다시백에 넣는다.

닭 육수
Fond de volaille

프랑스 가정에서 가장 일반적으로 사용하는 닭 육수는 요리에 사용하면 자연적인 감칠맛이 더해져 국물요리에 훨씬 깊은 맛을 내요.
만드는 게 번거로울 것 같지만 생각보다 어렵지 않고 냉장에서 일주일, 냉동에서 한 달까지 보관할 수 있어요. 각종 요리에 활용할 수 있으니 하루 날 잡아서 잔뜩 만들어 보세요.

Ingredients 완성 후 1리터
닭 뼈 1kg, 물 2.5ℓ, 양파 1/2개(100g), 당근 1/2개(100g), 셀러리 1~1½대(60g), 부케가르니(파슬리 줄기 10cm 6~8개, 월계수 잎 1장, 마늘 2쪽, 통후추 약 10알)

How to make
1 닭 뼈는 흐르는 물에 헹구고 닭 꽁지 부분과 지방 부분은 제거한다.
2 채소는 큼직하게 썰고 부케가르니는 다시백에 담는다.
3 남은 기름기를 빼기 위해 끓는 물에 닭 뼈를 데친 후 건져 낸다.
4 큰 냄비에 물과 모든 재료를 넣고 끓인다.
5 물이 팔팔 끓기 시작하면 위에 뜨는 기름과 거품을 걷어 낸다.
6 약불로 줄이고 뚜껑을 연 상태에서 1시간~1시간 30분 정도 끓인다.
7 완성된 육수를 체에 걸러 식힌다.

MOA'S *detail*
• 닭 꽁지 부분은 냄새가 날 수 있으니 제거해 주세요.
• 맑은 육수를 내려면 약불로 끓이며 거품과 불순물을 중간중간 자주 걷어 줘야 해요.
• 완성된 육수는 식힌 뒤에 거르면 기름이 한 번 더 걸러져서 더 맑은 육수가 돼요.

PRÉPARATION de Base

채수
Bouillon de légumes

채수에는 닭 육수보다 조금 더 다양한 재료를 사용할 수 있어요. 사용될 요리에 따라 처빌, 타라곤, 오레가노, 레몬그라스 등으로 바꿔 부케가르니를 만들어 보세요. 채소도 마찬가지로 무, 호박, 버섯 등을 넣어 감칠맛을 더할 수 있어요. 채수를 거르고 남은 채소들은 간 다음 채수 또는 크림을 더해 수프로 먹거나 메인요리의 가니시로 사용할 수 있답니다.
냉장에서는 이틀 동안 보관이 가능하고 냉동할 때는 소분해서 보관하세요.

Ingredients 완성 후 1리터

물 2ℓ, 양파 1/2~1개(200g), 당근 1개(200g),
셀러리 2대(100g), 대파 1/2대, 소금 약간,
부케가르니(파슬리 줄기 10cm 6~8개, 월계수 잎 1장, 마늘 2쪽, 통후추 약 15알)

How to make

1. 채소는 큼직하게 썰고 부케가르니 재료는 다시백에 담는다.
2. 큰 냄비에 물, 양파, 당근, 셀러리, 대파를 넣고 물이 끓으면 부케가르니 다시백을 넣는다.
3. 물이 팔팔 끓기 시작하면 약불로 줄이고 뚜껑을 연 상태에서 1시간 정도 끓인 다음 소금 간을 해 30분 정도 그대로 둔다.
4. 완성된 채수는 체에 걸러 식힌다.

INTRO 미리 준비하기

베샤멜 소스
Béchamel

화이트 소스의 대명사로 불리는 베샤멜 소스는 버터와 밀가루를 볶아 만든 화이트 루Roux*에 우유를 넣어 끓인 소스예요. 라자냐 소스라고도 해요.
베샤멜 소스는 프랑스에서 생선이나 고기 요리는 물론 그라탱, 수프, 샌드위치 등 다양한 요리에 활용되는 그야말로 '만능 소스'예요. 용도에 따라 우유의 양을 가감해 농도를 묽거나 진하게 조절해 사용할 수 있어요.
우유 대신 닭 육수를 넣은 것은 화이트 벨루테Velouté 소스라고 해요.

Ingredients 밀가루(중력분) 30g, 버터 30g, 우유 500ml, 소금 약간, 후추 약간, 넛메그가루 약간

How to make
1 밀가루는 체 치고, 버터는 냄비에 넣어 녹인다.
2 버터가 녹으면 밀가루를 한 번에 넣고 섞는다.
3 약불로 줄이고 루Roux가 타지 않도록 고루 잘 섞는다.
4 3을 불에서 잠깐 내려 한 김 식히는 동안 우유를 전자레인지에 따뜻하게 데운다.
5 냄비에 우유를 조금씩 넣으면서 덩어리지지 않게 섞고 불에 다시 올린다.
6 거품기로 계속 저으며 걸쭉한 농도가 나올 때까지 뭉근히 끓인다.
7 소금, 후추, 넛메그가루를 넣어 간을 맞춘다.

MOA'S detail
• 루Roux : 밀가루와 버터를 가열하여 만드는 소스의 기본 재료. 소스, 수프, 스튜 등을 걸쭉하게 만들고 맛을 더하는 역할을 해요. 맑은 육수, 우유, 생크림, 치즈 등을 첨가해 다양한 소스로 사용해요.

PRÉPARATION de Base

파트 브리제
Pâte Brisée

타르트 반죽의 하나인 파트 브리제는 설탕이 들어가지 않거나 설탕의 함량이 적어 담백한 맛과 부서지는 식감이 특징이에요. 담백한 미트파이나 타르트, 키슈 등에 사용해요.

Ingredients 밀가루(박력분) 250g, 소금 5g, 버터 125g, 달걀노른자 1개, 물 50ml

How to make
1. 버터는 상온에 미리 꺼내 두고 밀가루와 소금은 체 친다.
2. 체 친 밀가루, 소금, 말랑해진 버터를 손으로 비벼 섞는다.
3. 2에 달걀노른자와 차가운 물을 넣고 빠르게 섞어 덩어리를 만든다.
4. 한 덩어리로 만든 반죽을 손바닥으로 바닥에 밀어내듯이 치대면서 반죽이 고르게 섞이도록 한다.
5. 냉장고에서 30분간 휴지시킨 후 사용한다.

MOA'S detail
- 버터는 2시간 전에 상온에 꺼내 두세요.
  - 전자레인지나 냄비에 녹인 버터는 사용하지 않아요.
- 반죽을 골고루 치대 버터가 반죽 한쪽에 뭉치지 않도록 하세요.
- 반죽을 너무 오랫동안 치대면 글루텐이 형성돼 바삭한 식감이 줄고 굽는 동안 수축될 수 있으니 주의하세요.
- 기호에 따라 반죽에 허브 또는 향신료를 더해 보세요.

2

3

4

INTRO · 미리 준비하기

수란
Oeuf Poché

탱글탱글한 흰자 안에 흐르는 노른자가 숨어 있는 수란은 생각보다 만들기가 쉽지 않아요. 수란 만들기의 비법은 바로 신선한 달걀로 정확한 시간 안에 만들어야 한다는 것인데요. 오래된 달걀의 흰자는 수분이 많아 물속에서 쉽게 퍼지기 때문에 모양을 잡기가 어려워요.

Ingredients 냄비 지름 20cm 기준
물 1ℓ, 달걀 1개, 식초 1큰술

How to make
1. 달걀을 깨서 작은 볼에 담아 놓는다.
2. 냄비에 물을 끓이고 얼음물을 준비한다.
3. 물이 끓기 시작하면 약불로 줄이고 식초 1큰술을 넣는다.
4. 국자로 냄비 한가운데를 살살 저어 회오리를 만든다.
5. 달걀을 물에 최대한 가깝게 회오리 중앙 부분으로 떨어뜨린다.
6. 달걀 주변을 국자로 계속 저어 동그랗게 모양을 잡는다.
7. 2분 30초에서 3분 정도 달걀을 익힌 후 완성된 수란을 거품 국자로 건져 얼음물에 담가 더 이상 익지 않도록 한다.
8. 건져서 물기를 제거하고 흰자 테두리를 정리한다.

PRÉPARATION de *Base*

머랭
Meringue

머랭은 달걀흰자에 설탕을 넣어 단단한 상태가 될 때까지 거품 낸 것을 말해요. 일반적으로 수플레나 스펀지케이크 등을 부풀리거나 무스, 크림 등에 가벼운 질감을 주기 위해 사용돼요. 머랭의 종류는 크게 프렌치, 스위스, 이탈리안 머랭으로 나뉘는데요, 가장 일반적인 프렌치 머랭은 달걀흰자를 차가운 상태에서 휘핑해서 만들어요. 뜨거운 물에 중탕한 상태로 거품을 내는 방법은 스위스 머랭, 흰자 거품에 뜨거운 설탕 시럽을 넣어 휘핑하는 방법은 이탈리안 머랭이에요.

Ingredients 달걀흰자 2개 분량, 설탕 20g

How to make
1 볼에 달걀흰자를 넣고 거품기를 이용해 휘핑한다.
2 하얀 거품이 올라오면 설탕을 2~3번에 나눠 넣으면서 계속 휘핑한다.
3 거품기로 들어 올렸을 때 흐르지 않고 뾰족한 뿔이 생기면 완성된 것이다.

MOA'S *detail*
- 이물질이 섞이면 머랭이 잘 만들어지지 않으므로 달걀의 흰자와 노른자를 분리할 때는 흰자에 노른자나 달걀껍데기가 섞이지 않도록 주의해야 해요. 또한 머랭을 만들 볼이나 핸드믹서의 거품기 날 부분에도 물기나 유분기가 없는지 잘 확인하세요.
- 머랭은 완성된 후부터 서서히 꺼지기 시작하기 때문에 만들고 나서는 최대한 빨리 사용하세요.

1

2

3

생크림 휘핑하기
Crème

마트에 가면 우유 코너 옆에 진열된 생크림과 휘핑크림을 볼 수 있는데요. 휘핑크림은 보관 기간이 짧은 생크림의 단점을 보완하기 위해 식품첨가물을 넣어 만든 것이에요. 우유로만 만들어진 생크림에 비해 식감이나 풍미가 현저히 떨어지죠. 되도록 생크림으로 구입하세요.

Ingredients   생크림 50ml(무가당일 경우 설탕 1작은술 추가)

How to make
1. 차가운 볼에 차가운 생크림과 설탕을 넣고 차가운 거품기로 휘핑한다.
2. 물결무늬가 생기면서 단단한 상태가 될 때까지 휘핑하고, 거품기를 들었을 때 생크림 끝이 뾰족하게 서면 완성된 것이다.

MOA'S *detail*
- 생크림을 휘핑할 때는 재료나 도구들이 모두 차가워야 거품이 잘 나므로 미리 냉장고에 넣어 두었다가 휘핑하기 직전에 꺼내서 사용하세요.
- 거품을 적게 내면 물처럼 흐르고 너무 많이 내면 크림이 분리되어 사용할 수 없으니 주의하세요.
- 휘핑 마지막 단계에서 레몬즙이나, 리큐어 등을 몇 방울 넣으면 풍미가 더 좋아져요.

1   2-1   2-2

PRÉPARATION de *Base*

크루통
Croûton

크루통은 빵을 주사위 모양으로 썰어 구운 것을 말해요.
보통 샐러드나 스낵류에 곁들이거나 수프에 넣어 먹어요.

Ingredients   식빵 1~2장, 버터 1큰술 (선택 추가: 설탕 1/2작은술, 파슬리가루 1/2작은술)

How to make   1 식빵을 정육면체 모양으로 자른다.
2 달궈진 프라이팬에 버터를 넣고 약불에서 각 면을 노릇노릇하게 구워 낸다.

MOA'S *detail*
- 기호에 따라 크루통 완성 후, 허브가루나 설탕을 뿌려도 좋아요.
- 실온에 오래 두면 눅눅해지니 먹을 만큼만 만들어서 사용하세요.
  남은 크루통은 냉동보관하세요.
- 에어프라이어를 사용할 때는 식빵을 넣고 올리브유를 바르거나 뿌린 뒤
  180℃에서 5분 동안 구워요.

1

2

리오네즈 샐러드 *Salade Lyonnaise*

니수아즈 샐러드 *Salade Niçoise*

비네그레트 소스를 곁들인 대파 샐러드 *Poireaux Vinaigrette*

그린 아스파라거스와 수란 *Oeufs Pochés aux Asperges*

에그미모사 *Oeuf Mimosa*

키슈 로렌 *Quiche Lorraine*

브리오슈 프렌치 토스트 *Pain Perdu*

잠봉뵈르 샌드위치 *Jambon-beurre*

연어 아보카도 크루아상 *Croissant au Saumon*

크로크무슈 *Croque-monsieur*

양송이 & 시금치 갈레트 *Galette Épinard-champignon*

My First French Cuisine

CHAPITRE I
집에서 즐기는 프랑스식 브런치

리오네즈 샐러드
Salade Lyonnaise

프랑스 남부의 리옹*Lyon* 지역은 미식에 대한 자부심이 강한 도시로 유명해요. 리오네즈*Lyonnaise*는 본래 파리지앵*Parisien*처럼 리옹 출신을 나타내는 말이지만, 식재료나 메뉴명, 레스토랑 이름에까지 붙곤 해요. 지역 이름이 하나의 브랜드가 된 셈이죠. 리오네즈 샐러드는 신선한 채소에 구운 베이컨과 크루통을 넉넉하게 올린 뒤 수란을 터트려 흘러나오는 노른자와 드레싱을 함께 섞어 먹는 따뜻한 샐러드예요.

Ingredients 2인분

두툼한 베이컨 2줄(100g), 달걀 2개, 샐러드용 채소(치커리, 루콜라 등) 1줌, 크루통 1/2줌

Dressing 디종 머스터드 2작은술, 레드와인 식초 2작은술, 올리브유 2큰술, 샬롯 1큰술, 소금 약간, 후추 약간

How to make

1 드레싱에 들어갈 샬롯은 다지고 베이컨은 1cm 정도 길이로 자른다.
2 디종 머스터드, 레드와인 식초, 올리브유, 다진 샬롯을 섞은 다음 소금, 후추로 간해 드레싱을 완성한다.
3 샐러드용 채소는 다듬어 깨끗이 씻은 다음 물기를 빼고 먹기 좋은 크기로 손질한다.
4 베이컨은 팬에 넣고 바싹 볶은 뒤 키친 타월 위에 올려놓고 기름기를 뺀다.
5 달걀은 수란(p.24 참고)으로 만든다.
6 샐러드용 채소를 드레싱에 버무려 접시에 담은 다음 그 위에 수란과 베이컨, 크루통(p.27 참고)을 보기 좋게 얹는다.

니수아즈 샐러드
Salade Niçoise

니수아즈*Niçoise* 샐러드는 프랑스 남부 휴양지로 손꼽히는
니스*Nice* 지역에서 유래된 전형적인 지중해식 샐러드예요.
해안도시에서 온 샐러드답게 안초비나 참치, 올리브, 토마토 등
그 지역의 식재료를 한껏 활용하지요. 가장 전통적이고 보편적인
프랑스 샐러드 중 하나예요.
본래 니수아즈 샐러드는 안초비, 토마토, 올리브유로만 만드는데
세월이 흐르면서 다양한 재료가 더해지고 프랑스의 전설적인
요리사 '오귀스트 에스코피에*Auguste Escoffier*'가 전통적인
레시피에 삶은 감자와 그린빈스를 넣어 오늘날 우리가 알고 있는
니스풍의 샐러드가 완성되었다고 해요.

Ingredients 2~3인분

그린빈스 1줌(200g), 알감자 5개(150g), 달걀 2개, 미니코스 상추 1/2포기,
참치통조림 1캔(85g), 방울토마토 15개(150g), 올리브 믹스 15알

Dressing 올리브유 2큰술, 디종 머스터드 1작은술, 레몬즙 1/2큰술

How to make
1 그린빈스는 끓는 물에 소금을 약간 넣고 3분 동안 데친 다음 찬물에 식힌다.
2 알감자는 흐르는 물에 깨끗이 씻어 껍질째 찌거나 삶은 뒤 반으로 자른다.
3 달걀은 끓는 물에 9분 동안 삶고 찬물에 담가 식힌 다음 껍질을 벗겨 4등분한다.
    tip 삶는 시간은 취향에 따라 조절한다.
4 미니코스 상추는 깨끗이 씻어 물기를 빼고 1/4 크기로 썬다.
5 참치는 체에 걸러 기름을 빼고, 방울토마토는 씻어서 반으로 자른다.
6 작은 볼에 올리브유, 디종 머스터드, 레몬즙을 넣고 잘 섞어 드레싱을 만든다.
7 접시에 준비한 재료들을 보기 좋게 담는다.
8 드레싱을 골고루 뿌린다.

MOA'S *detail* • 제철 채소와 개인의 취향을 담은 재료들로 나만의 니수아즈 샐러드를 만들어 보세요.

비네그레트 소스를 곁들인 대파 샐러드
Poireaux Vinaigrette

비네그레트 소스는 프랑스어로 식초를 의미하는
비네그르*vinaigre*를 기본 베이스로 올리브유, 머스터드, 소금,
후추를 넣어 만들어요. 미국이나 유럽 지역에서 프렌치 드레싱
또는 프렌치 소스라고 불릴 만큼 프랑스를 대표하는
가장 클래식한 소스죠. 부드럽게 익힌 대파와 의외로
잘 어울리는 비네그레트 소스를 달걀이 들어간 그리비쉬*Gribiche*
소스(프랑스식 마요네즈) 스타일로 만들어 보았어요.

Ingredients 1~2인분

대파 흰부분 1/2단(100g), 소금 약간

Sauce **그리비쉬 비네그레트 소스**
달걀 2개, 화이트와인 식초 2작은술(일반 식초 대체 가능),
홀그레인 머스터드 2작은술, 올리브유 50ml, 다진 코니숑 오이피클 1작은술,
파슬리가루 1작은술, 다진 케이퍼 1작은술(선택), 레몬즙 약간, 소금 약간, 후추 약간

How to make
1 대파는 깨끗이 씻어 세로로 길게 자른 뒤 10cm 정도 길이로 썬다.
2 끓는 물에 소금을 약간 넣고 대파가 푹 익을 때까지 삶은 다음 얼음물에 차갑게 식힌다.
3 달걀은 끓는 물에 10분간 삶는다.
4 코니숑 오이피클, 파슬리, 케이퍼(선택)는 다진다.
5 삶은 달걀은 껍질을 벗겨 흰자와 노른자를 분리해 다진다.
6 볼에 다진 노른자, 화이트와인 식초, 홀그레인 머스터드를 넣고 섞는다.
7 올리브유를 조금씩 더하면서 섞는다.
8 마요네즈처럼 되기가 걸쭉해지면 다진 재료를 모두 넣고 섞는다.
9 레몬즙을 넣고 소금, 후추로 간해 그리비쉬 비네그레트 소스를 완성한다.
10 접시에 대파를 담고 그 위에 소스를 올린다.

MOA'S *detail*
• 부드러운 식감을 위해 대파는 푹 익히세요.
• 삶은 대파는 충분히 식혀 차갑게 드시는 걸 추천해요.
• 차가운 테린 요리, 따뜻한 튀김 요리, 생선 요리에 두루 잘 어울리는 메뉴예요.
• 이 샐러드는 원래 릭Leek이라는 서양 대파를 사용해 만들지만, 국내에서는 구하기 쉽지 않아 대파로 대체했어요. 어쩌면 너무 단순하고 클래식해서 요즘 사람들에게 조금씩 잊혀지고 있지만 아직도 프랑스의 브라세리Brasserie*나 비스트로Bistro*에서 큰 사랑을 받는 메뉴이지요.
  – 브라세리Brasserie: 술과 식사 등을 즐길 수 있는 격식없는 레스토랑이나 펍.
  – 비스트로Bistro: 규모가 작고 편안한 분위기의 프랑스 레스토랑이나 카페,
    2~3코스의 지역색 있는 요리를 판다.

그린 아스파라거스와 수란
Oeufs pochés aux Asperges

태양왕 루이 14세의 동안 비법이라고 알려진 아스파라거스. 이제는 우리 식탁에서도 쉽게 만날 수 있는 재료지요. 프랑스에서 지내던 시절, 마트나 시장에 나가 갓 수확한 아스파라거스를 볼 때면 '정말 봄이 왔구나' 하고 계절을 실감하곤 했어요. 아스파라거스를 이용한 다양한 레시피가 있지만, 제철일수록 최소한의 조리로 재료 고유의 향과 맛을 즐겨 보세요. 수란을 톡 터트려 노른자에 치즈를 곁들이면 훌륭한 소스가 된답니다.

Ingredients 1인분

그린 아스파라거스 5대(180g), 달걀 1개, 그라나파다노치즈 10g, 올리브유 적당량, 소금 약간, 후추 약간

How to make
1. 아스파라거스는 밑동을 2cm 정도 자르고 필러로 껍질을 얇게 벗긴 다음 반으로 자른다.
2. 끓는 물에 소금을 넣고 1분 정도 데친 후 얼음물에 식힌다.
3. 달걀은 수란(p.24 참고)으로 만든다.
4. 팬에 올리브유를 두르고 데친 아스파라거스를 구운 후 소금, 후추로 간한다.
5. 그라나파다노치즈는 필러로 얇게 슬라이스한다.
6. 접시 중앙에 구운 아스파라거스를 담고 그 위에 수란과 치즈를 얹는다.

MOA'S *detail*
- 아스파라거스는 줄기가 두껍지 않은 걸로 구입해 깨끗이 씻어 물기를 제거한 다음 줄기 부분의 겉껍질을 필러 등을 이용해 제거해주세요.
- 물에 데칠 때는 살짝만 익혀 아삭한 식감을 살리세요. 마지막 단계에서 프로슈토와 트러플 페이스트 또는 트러플오일을 몇 방울 더하면 근사한 전채 요리로 변신한답니다.

1

4

5
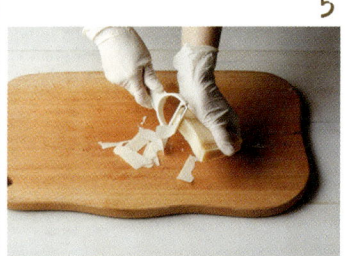

에그미모사
Oeuf Mimosa

따스한 봄날의 식탁에 어울릴 만한 애피타이저인 에그미모사는 노란 미모사 꽃을 흩뿌려 놓은 것 같다고 해서 붙여진 이름이에요. 삶은 달걀 속을 다양한 재료들로 채운 미모사는 프랑스의 브라세리나 카페 브런치 메뉴에서 흔히 볼 수 있어요. 달걀 프라이나 스크램블 에그가 식상해졌다면 색다른 달걀 요리로 아침을 시작해도 좋을 것 같아요.

Ingredients 2~3인분

달걀 6개, **마요네즈** 100g, **파슬리가루** 1작은술, **소금** 약간, **후추** 약간

How to make
1. 달걀은 끓는 물에 소금을 넣어 10분 동안 삶은 뒤 차가운 물에 식힌다.
2. 달걀 껍데기를 벗기고, 세로 방향으로 반 가른다.
3. 흰자와 노른자를 분리하고 노른자는 체에 곱게 내린다.
4. 체 친 노른자의 반을 덜어 마요네즈, 파슬리가루, 소금, 후추와 잘 섞은 다음 별 깍지를 끼운 짤주머니에 넣는다.
5. 달걀흰자에 4를 수북이 채운다.
6. 그 위에 남겨 둔 노른자를 미모사 꽃처럼 뿌린다.

MOA'S *detail*
- 달걀은 삶기 전에 냉장고에서 미리 꺼내 놓아야 급격한 온도 차로 인해 껍데기가 깨지는 걸 방지할 수 있어요.
- 달걀노른자를 가운데로 모으려면 물이 끓기 시작할 때 나무주걱 등을 이용해 달걀을 한 쪽 방향으로 굴리면서 익혀주세요.
- 마요네즈에 카옌페퍼Cayenne pepper*나 다양한 향신료를 넣어 맛을 변형해 보세요.
  – 카옌페퍼Cayenne pepper : 생칠리를 건조한 뒤 빻아서 가루로 만든 향신료로 매운맛이 강하다.

3

4

5

키슈 로렌
Quiche Lorraine

프랑스 알자스 로렌 지방에서 유래된 식사용 에그 타르트인
키슈 로렌은 1586년에 로렌 지역에 위치한 한 공작의 집에서 처음으로
그 기록이 발견되었다고 해요. 전통 키슈 로렌은 파트 브리제 반죽에
달걀, 크림, 훈제 베이컨만 들어가지만 요즘엔 치즈나 양파,
넛메그 등을 더하여 만들어요. 개인의 취향에 따라, 계절에 따라
다양한 식재료를 활용하여 맛의 변주를 시도할 수 있죠.
들어가는 재료에 맞춰 연어 키슈, 시금치 키슈, 버섯 키슈 등
이름만 바꾸면 된답니다.

Ingredients   20cm 타르트 기준

Filling   **양파** 1/2개(150g), **두툼한 베이컨** 1½줄(150g), **그뤼에르치즈** 50g, **달걀** 1개,
생크림 100ml, **우유** 100ml, **소금** 약간, **후추** 약간, **넛메그가루** 약간

How to make
1. 파트 브리제 반죽(p.23 참고)을 준비해 밀대로 0.3cm 두께로 민다.
2. 타르트틀에 반죽을 깔고 포크로 바닥을 콕콕 찍은 뒤 냉장고에서 30분간 휴지시킨다.
3. 양파는 채 썰고 베이컨은 1cm 길이로 썬다.
4. 치즈는 그라인더를 이용해 갈아 둔다.
5. 프라이팬에 베이컨을 볶다가 기름이 빠지기 시작하면 양파를 함께 볶은 뒤 소금, 후추로 간한다.
6. 볼에 달걀, 생크림, 우유를 넣어 거품기로 섞고 소금, 후추, 넛메그가루를 넣어 간한다.
7. 냉장고에서 타르트 반죽을 꺼내 볶은 베이컨과 양파를 올린 뒤 갈아 둔 치즈를 뿌린다.
8. 6을 타르트틀의 90%까지 채운 다음 180℃로 예열한 오븐에서 40분 동안 굽는다.

MOA'S *detail*
- 파트 브리제 반죽을 만들 시간이 없다면 냉동 완제품을 사용하세요.
- 이 요리는 따뜻할 때 먹어도 좋지만 차갑게 즐겨도 좋아요. 베이컨과 치즈의 고소함과 양파의 달콤함이 어우러져 투박하지만 깊은 풍미가 있어요. 가볍게 그린 샐러드를 곁들여도 좋고요.

브리오슈 프렌치 토스트
Pain Perdu

프랑스에서 흔히 먹는 아침빵 중 하나인 브리오슈는 풍부한 버터 맛과 부드럽고 촉촉한 식감이 특징이에요. 만드는 모양에 따라 다양한 이름으로 불리는데 눈사람 모양의 '브리오슈 아 테트*Brioche à tête*', 왕관 모양의 '브리오슈 쿠론느*Brioche couronne*', 길쭉한 원통 모양의 '브리오슈 무슬린*Brioche mousseline*', 직사각형 모양의 '브리오슈 낭테르*Brioche Nanterre*' 등이 있어요. 우리에게 익숙한 식빵 형태인 프렌치 토스트는 브리오슈 낭테르를 사용해요. 프랑스에서는 프렌치 토스트를 '버려진 빵, 못 먹는 빵*Pain Perdu*' 이라 하는데요, 그 이름처럼 하루 이상 지나 딱딱하게 말라 먹을 수 없게 된 빵을 버리지 않고 활용하기 위해 만든 메뉴예요.

CHAPITRE 1 집에서 즐기는 프랑스식 브런치

2

3

4

50

Ingredients　2인분

　　　　　　　브리오슈 식빵 3장(일반 식빵이나 바게트로 대체 가능),
　　　　　　　달걀 2개, 우유 200ml, 설탕 50g, 버터 1큰술

　　　Topping　산딸기, 블루베리, 꿀, 휘핑한 생크림(p.26 참고), 데코스노우 적당량

How to make　1　브리오슈 식빵은 대각선 방향으로 잘라 준비한다.
　　　　　　　2　볼에 달걀, 우유, 설탕을 넣고 거품기를 이용하여 잘 섞는다.
　　　　　　　3　자른 브리오슈 식빵을 2에 적신다.
　　　　　　　4　약불로 달군 팬에 버터를 녹여 양면을 노릇하게 굽는다.
　　　　　　　5　접시에 담고 각종 과일, 꿀, 휘핑한 생크림 등을 얹어 낸다.

MOA'S *detail*　• 촉촉한 빵보다는 수분이 적은 마른 빵을 사용하세요. 마른 빵이 없다면
　　　　　　　　하룻밤 정도 상온에 두어 수분을 날려 주세요.
　　　　　　　• 기호에 따라 커스터드 크림, 과일 콩포트, 잼, 메이플 시럽, 시나몬가루, 견과류 등
　　　　　　　　다양한 토핑을 더할 수 있어요.

잠봉뵈르 샌드위치
Jambon-beurre

프랑스의 국민 샌드위치인 잠봉 뵈르는 파리지앵 샌드위치로 불리기도 해요. 바쁜 도시 사람들의 가벼운 한 끼를 책임지는 가장 사랑받는 단골 메뉴지요. 요즘은 우리나라의 베이커리, 브런치 카페에서도 어렵지 않게 찾을 수 있더라고요. 재료도 간단하고 만들기도 간편하니 집에서 꼭 한번 시도해 보세요.

Ingredients 1개 분량

바게트 1개, **무염버터** 50g, **잠봉 블랑** 2장(100g)

How to make

1 바게트는 20cm 길이로 자른 뒤 오븐에 살짝 굽는다.
2 버터는 0.3cm 두께로 약간 도톰하게 자른다.
   tip 버터는 차갑고 단단한 것을 사용한다.
3 바게트를 반으로 가른 후 버터, 잠봉 블랑을 끼우고 빵을 덮는다.

MOA'S *detail*

- 잠봉뵈르 샌드위치를 더 맛있게 먹는 3가지 비법 ▶ 무르지 않은 버터 쓰기, 바게트 오래 굽지 않기, 짭조름한 맛을 좋아한다면 가염버터 사용하기예요.
- 오리지널 잠봉뵈르는 햄과 버터만 들어가지만, 기호에 따라 코니숑 오이피클, 치즈, 루콜라 등 원하는 재료를 더할 수도 있어요. 잠봉 블랑 대신 이베리코 하몽을 넣으면 더 고급스럽답니다.

2

3-1

3-2

연어 아보카도 크루아상
Croissant au Saumon

프랑스에 처음 갔을 때 기대했던 것과는 달리 프랑스 사람들의 아침 식탁 풍경은 크루아상과 커피가 전부였어요. 프랑스 사람들은 매끼 품격 있게 먹을 거라는 환상이 있었나 봐요. 크루아상 하나만으로는 허기가 채워지지 않아서 저는 가끔 크루아상으로 샌드위치를 만들어 먹곤 했어요. 연어와 아보카도의 부드러운 식감이 고소한 크루아상과 너무 잘 어울린답니다. 여러분도 좋아하는 재료를 듬뿍 넣어 홈 브런치를 즐겨 보세요.

Ingredients 1개 분량
크루아상 1개, 훈제연어 3장, 아보카도 1/2개, 루콜라 1/2줌(선택)

Spread 크림치즈 1큰술, 꿀 또는 올리고당 1작은술

How to make
1 크림치즈와 꿀, 또는 올리고당을 섞어 스프레드를 만든다.
2 아보카도는 반으로 갈라 씨를 빼고 과육을 파낸 다음 얇게 슬라이스한다.
3 크루아상은 반으로 갈라 1의 스프레드를 빵 안쪽 양면에 바른다.
4 빵 사이에 루콜라를 올리고(선택) 훈제연어와 아보카도를 차례로 얹는다.

MOA'S detail
- 아보카도는 익을수록 짙은 색을 띠는 후숙 과일이기 때문에 검은 색에 가까운 약간 말랑한 상태의 아보카도를 골라 사용해야 해요.
- 아보카도를 손질할 때는 가운데를 세로 방향으로 씨가 닿는 부분까지 칼을 넣어 한 바퀴 돌린 다음 살짝 비틀어 씨를 분리하고 껍질을 벗겨 주세요.

크로크무슈
Croque-monsieur

프랑스를 대표하는 브런치 메뉴인 크로크무슈는 빵, 햄, 치즈로 구성된 따뜻한 샌드위치예요. 마르셀 프루스트의 "잃어버린 시간을 찾아서"의 주인공이 콘서트를 보고 호텔로 돌아가는 길에 크로크무슈를 사 먹는 장면이 알려져 있지요. 토핑 재료에 따라 이름이 달라지는데 대표적으로는 크로크무슈 위에 익지 않은 노른자를 올린 크로크마담*Croque-madame*이 있어요. 봉긋 올라온 모습이 여성의 모자를 닮았다고 하여 붙여진 이름이에요.

Ingredients 1개 분량

Ready 베샤멜 소스 ▶ p.22 참고

샌드위치용 식빵 2장, 베샤멜 소스 6큰술, 잠봉 블랑 1장(50g), 에멘탈 슬라이스치즈 2장, 그뤼에르치즈 적당량

How to make
1. 식빵 2장의 안쪽 면에 베샤멜 소스를 잘 펴 바른다.
2. 아래쪽 식빵에 잠봉 블랑, 에멘탈 슬라이스치즈 1장을 차례로 얹는다.
3. 치즈 위에 위쪽 식빵을 베샤멜 소스 바른 면이 맞닿도록 덮는다.
4. 덮은 빵 윗면에 다시 베샤멜 소스를 바르고 그 위에 에멘탈 슬라이스치즈 1장을 다시 올린다.
5. 그뤼에르치즈를 갈아 뿌린다.
6. 180℃로 예열한 오븐 또는 에어프라이어에 10~15분 동안 굽는다.

MOA'S *detail*
- 베샤멜 소스가 없다면 홀그레인 머스터드를 사용하세요. 잠봉 블랑이 없다면 닭가슴살이나 터키햄을 넣어도 좋아요.
- 바질 페스토와 선드라이드 토마토를 첨가하면 이국적인 맛을 낼 수 있어요.

양송이 시금치 갈레트
Galette Épinard-champignon

갈레트는 메밀가루로 반죽을 만들어 팬에 펼쳐 익힌 뒤 다양한
재료를 넣어 먹는 브르타뉴*Bretagne* 지역의 대표적인 전통 요리예요.
크레프리*Crêperie*라고 불리는 크레페 전문점에서 판매하기도 하지만
크레페와는 엄연히 다른 메뉴지요. 갈레트는 소금 간을 해
짭조름하고 크레페보다 두께도 조금 더 두껍고 촉촉해요.
늦은 오후 갈레트에 사과로 만든 브르타뉴 전통주인
시드르*Cidre*를 한 잔 곁들이면 더 바랄 것 없이 행복하답니다.

Ingredients 약 10장 분량

Batter
갈레트 반죽 재료
메밀가루 60g, 밀가루(박력분) 65g, 소금 5g, 달걀 1개, 물 300ml

Fried mushroom & spinich
양송이 시금치 볶음(1인분 기준)
양송이버섯 6개(100g), 시금치 1줌, 다진 마늘 1작은술, 올리브유 1큰술, 소금 약간, 후추 약간

How to make

1. 볼에 메밀가루, 밀가루, 소금, 달걀을 넣고 섞은 다음 물을 조금씩 부어 가며 뭉치는 곳 없이 풀어 갈레트 반죽을 만든다.
2. 반죽을 냉장고에 넣어 2시간 정도 휴지시킨다.
3. 양송이버섯은 3mm 두께로 슬라이스하고, 시금치는 잘 씻어 물기를 뺀다.
4. 프라이팬에 올리브유(분량 외)를 두르고 양송이버섯을 노릇하게 볶는다.
5. 4에 다진 마늘, 시금치를 넣어 재빨리 볶다가 시금치의 숨이 죽으면 불을 끈 뒤 소금, 후추로 간하고 접시에 덜어 둔다.
6. 프라이팬에 올리브유를 두르고 한 국자(50g) 분량의 갈레트 반죽을 고르게 펴서 익힌다.
7. 한 면이 익으면 뒤집어서 다른 면을 익힌 다음 5를 얹는다.
8. 중앙에 달걀을 넣어 흰자를 골고루 퍼뜨린다.
9. 반죽의 테두리를 안쪽으로 접는다.

MOA'S *detail*

- 주재료를 바꿔 가며 나만의 갈레트 메뉴를 만들어 보세요.
- 휴지를 거친 반죽은 맛과 식감이 좋아지고 구웠을 때 노릇노릇한 색이 나요.
- 반죽은 냉장보관 2일, 냉동보관 1달 정도 가능하며 굽기 전에 꼭 골고루 섞어 주세요.
- 팬에 올리브유를 고르게 둘러 달군 뒤 반죽을 올려야 눌어붙지 않아요.
- 반죽은 얇게 펼쳐 약불로 반죽이 저절로 팬에서 떨어질 때까지 익히세요.
- 달걀 대신 탄산수, 맥주 또는 시드르 등을 조금 넣으면 가벼운 맛의 반죽을 만들 수 있어요.

LA CUISINE À *France*

프랑스인들의 하루 식사
Saveur de France

프랑스어로 아침 식사는 작은 점심이라는 뜻의 '프티 데죄네Petit-dejeuner'라고 하는데, 점심식사에 큰 비중을 두는 프랑스인들에게 아침 식사는 점심을 위한 가벼운 애피타이저라고 할 수 있어요. 미식을 사랑하는 프랑스인들도 주말 브런치를 제외한 평일 아침은 가볍게 준비한답니다. 우리가 흔히 서양의 아침식사로 생각하는 달걀, 샐러드, 소시지 등도 찾아보기 힘들고요.

프랑스인들의 아침은 주로 빵이에요. 오전 6시 반, 빵집 앞에 빵을 사기 위해 길게 줄을 선 모습은 프랑스의 아침이 시작되는 풍경이지요. 흔히 아침에는 바게트나 갓 구워낸 크루아상Croissant, 팽 오 쇼콜라Pain au chocolat, 팽 오 레쟁Pain au raisin 등과 같은 페이스트리에 커피, 차, 주스 등을 함께 먹어요.

점심인 데죄네Dejeuner는 햄, 치즈 등 다양한 재료를 넣은 샌드위치 등으로 아침보다는 잘 먹지만 대부분 간단히 먹는 편이에요. 비즈니스 미팅이 많은 직장인이라면 주로 근처 비스트로Bistro 또는 브라스리Brasserie에서 앙트레-플라-데세르 3코스, 또는 앙트레-플라 혹은 플라-데세르로 구성된 2코스 요리를 와인과 함께 즐겨요.

우리가 일반적으로 알고 있는 프랑스식 정찬 요리인 디네Diner는 레스토랑에서든 집에서든 하루 중 가장 풍성한 음식들과 함께 여유를 만끽하는 식사 시간이에요. 이때도 역시 빵은 빠지지 않죠. 프랑스 사람들에게 저녁은 단순히 미각을 충족시키는 것을 뛰어넘어 함께 자리한 사람들과 대화를 나눌 수 있는 소중한 순간으로 여겨지는데, 그로 인해 식사 시간이 2시간 이상으로 꽤 긴 편이에요. 그래서 유학 초창기 시절, 이런 식문화에 익숙하지 않았던 저는 저녁식사 초대에서 중간에 졸기도 했답니다.

프렌치 어니언 수프 *Soupe à l'oignon*

비시수아즈 *Vichyssoise*

라타투이 *Ratatouille*

해산물 볼로방 *Vol au Vent aux Fruits de Mer*

대구 브랑다드 *Brandade de Morue*

물 마리니에르 *Moules Marinières*

뵈프 부르기뇽 *Bœuf Bourguignon*

단호박 퓌레를 곁들인 오리 가슴살 *Magrets de Canard au Miel*

코코뱅 *Coq Au Vin*

후추 소스를 곁들인 스테이크 *Steak Au Poivre*

My First French Cuisine

CHAPITRE
II
정통 프랑스 식탁으로 초대합니다

비시수아즈
Vichyssoise

뉴욕의 리츠 칼튼 요리사였던 루이 디아*Louis Diat*에 의해 만들어졌어요. 프랑스 비시*Vichy* 지역 출신인 그는 어린 시절 어느 무더운 여름날에 어머니께서 만들어 주셨던 따뜻한 감자대파수프에서 영감을 받았다고 해요. 어머니가 만들어 주신 수프를 식히기 위해 차가운 우유를 넣어 먹었던 추억을 떠올리며 새로운 메뉴를 개발했다죠. 추운 겨울에는 닭 육수를 더해 따뜻하게 드시면 더욱 깊은 풍미를 느낄 수 있어요.

68

Ingredients 1~2인분

감자 1개(250g), 대파 흰 부분 100g, 우유 200ml, 물 200ml,
크루통(p.27 참고) 적당량, 엑스트라버진 올리브유 약간, 소금 약간

How to make
1. 감자는 껍질을 벗기고 반으로 잘라 반달 모양으로 얇게 썬 다음 물에 담가 전분기를 뺀다.
2. 대파는 깨끗이 손질해 잘게 썬다.
3. 냄비에 올리브유(분량 외)를 두르고 대파의 숨이 죽을 때까지 볶는다.
4. 감자의 물기를 제거하고 3에 넣어 눌어붙지 않게 볶는다.
5. 우유와 물을 넣고 감자가 익을 때까지 끓인 뒤 소금으로 간해 핸드블렌더로 곱게 간다.
6. 볼에 수프를 담고 크루통, 엑스트라버진 올리브유 몇 방울을 더한다.

MOA'S *detail*
- 따뜻하게 먹어도 좋지만 식혀서 차갑게 먹는 게 더 맛있어요.
- 마지막에 넣는 생크림으로 수프의 농도를 조절할 수 있어요.
- 가리비관자, 굴, 새우, 바닷가재나 차가운 흰살생선 세비체* 등과 잘 어울리는 메뉴예요.
  - 세비체ceviche: 해산물을 얇게 썰어 레몬이나 라임즙에 마리네이드해 바로 먹는 전채요리

프렌치 어니언 수프
Soupe à l'oignon

많은 이에게 사랑받는 수프는 흔히 사이드 메뉴로 여겨지지만 프렌치 어니언 수프는 메인 요리라고 해도 과언이 아닐 듯해요. 오래 볶아 단맛과 감칠맛이 우러나는 양파, 깊은 맛이 느껴지는 닭 육수, 부드러운 빵과 진한 치즈가 함께 어우러져 한 끼 식사로도 손색 없는 메뉴예요.

Ingredients 2인분

Ready 닭 육수 ▶ p.20 참고

양파 2개(350g), 버터 10g, 밀가루(중력분) 1작은술, 닭 육수 80ml, 소금 약간, 설탕 약간, 후추 약간, 타임 1줄기, 바게트 슬라이스 2조각, 그뤼에르치즈 적당량

How to make
1. 양파는 얇게 채 썰어 준비한다.
2. 냄비에 버터를 두른 후 양파를 넣고 중불에서 볶다가 소금, 설탕을 넣고 숨이 죽을 때까지 볶는다.
3. 양파가 바닥에 눌어붙기 시작하면 약불로 줄이고 갈색 덩어리가 될 때까지 계속 볶는다.
4. 밀가루를 3에 넣고 1분 정도 볶은 다음 닭 육수와 타임을 넣고 30분 이상 끓인다.
5. 후추로 간해 오븐용기에 옮겨 담은 다음 바게트 슬라이스를 얹고 치즈를 갈아서 뿌린다.
6. 180℃로 예열한 오븐에 넣고 치즈가 노릇하게 녹으면 오븐에서 꺼낸다.

MOA'S detail
- 양파를 볶을 때 불이 약하면 수분이 생겨 양파의 식감이 물러지고 불이 세면 타기 쉬우니 불 조절에 주의하세요.
- 양파의 단맛이 올라오지 않을 때는 소량의 설탕이나 꿀을 첨가해도 좋아요.
- 오븐용기에 담기 전에 포트와인, 셰리와인을 약간 더하면 깊은 풍미를 느낄 수 있어요.
- 베지테리언일 경우 닭 육수 대신 채수(p.21 참고)를 써도 좋아요.

1

3

5

라타투이
Ratatouille

라타투이는 프로방스풍 채소와 허브, 올리브유가 어우러진 프랑스 대표 채소 스튜예요. 레스토랑을 배경으로 한 동명의 애니메이션 영화로 더욱 알려져 있죠. 프랑스에서는 일반적으로 깍둑썰기한 채소를 팬에 볶아서 간단하게 먹지만 동그랗게 썬 채소를 예쁘게 돌려 담아 오븐에 구워 요리해 보았어요.
메인 요리의 사이드로 또는 빵이나 면을 곁들인 가벼운 식사로 즐길 수 있답니다. 오븐이 없을 경우 에어프라이어를 이용하거나 또는 작은 팬에 담아 뚜껑을 덮어 요리하세요.

Ingredients   1~2인분

토마토 3개(600g), 가지 1개(150g), 애호박 1/2개(150g), 노랑 파프리카 1/2개(50g), 빨강 파프리카 1/2개(50g), 양파 1/4개(50g), 다진 마늘 1작은술

Sauce   토마토 소스 350g, 올리브유 약간, 허브가루 약간, 소금 약간, 후추 약간

How to make

1. 토마토, 가지, 애호박은 동그란 면을 살려 얇게 슬라이스한다.
2. 슬라이스하고 남은 자투리 채소와 파프리카, 양파는 작은 정육면체 모양으로 자른다.
3. 팬에 오일을 두르고 양파와 다진 마늘을 넣은 다음 양파가 투명해질 때까지 볶는다.
4. 파프리카와 자투리 채소를 넣고 소금, 후추로 간해 살짝 볶는다.
5. 토마토 소스와 허브가루를 4에 넣고 잘 섞은 다음 불에서 내린다.
6. 5를 오븐용기에 옮기고 그 위에 슬라이스해 둔 토마토, 가지, 애호박을 켜켜이 동그랗게 둘러 얹는다.
7. 올리브유와 소금, 허브가루를 뿌리고 180℃로 예열한 오븐에서 30~40분 동안 굽는다.

MOA'S *detail*

- 팬에 조리할 때는 모든 채소의 크기를 비슷하게 썰고 천천히 익는 순으로 볶은 뒤 뭉근히 끓이세요.
- 허브가루 대신 생바질과 엑스트라버진 올리브유를 더하면 한층 더 깊은 맛을 내요.

해산물 볼로방
Vol au Vent aux Fruits de Mer

볼로방은 프랑스어로 '바람에 흩날린다'라는 뜻인데요.
가볍게 부풀어 오른 파이 반죽의 결 때문에 붙여진 이름이라고 해요.
바삭하게 구워진 파이 안에 닭고기, 해산물, 생선, 달팽이 등 다양한
재료와 베샤멜, 비스크*, 낭투아* 등의 크림 소스가 어우러져 맛도
비주얼도 최고랍니다. 손님 초대 요리로도 적극 추천하는 메뉴예요.

MOA'S *detail*
- 비스크 소스 bisque sauce: 갑각류를 이용해 진한 풍미를 낸 크림 소스
- 낭투아 소스 nantua sauce: 베샤멜 소스에 갑각류나 조개류를 버터와 함께 넣어 만드는 걸쭉한 크림 소스

Ingredients 2개 분량

Ready 베샤멜 소스 ▶ p.22 참고

시판용 퍼프 페이스트리 1장, 양송이버섯 3개(50g), 대파 5~10cm 1개(30g),
다진 마늘 2작은술, 냉동 해물믹스 250g, 화이트와인 100ml, 베샤멜 소스 200g,
소금 약간, 후추 약간, 올리브유 약간, 달걀노른자 약간, 다진 실파 약간

How to make
1. 퍼프 페이스트리는 지름 10cm 정도의 원형틀로 4장 자른다.
   tip 틀이 없다면 컵을 사용한다.
2. 잘라 낸 페이스트리 중 바닥으로 사용할 2장은 포크로 찍고 나머지 2장은
   지름 5~6cm 원형틀로 가운데를 찍어 도넛 모양을 낸다.
3. 포크로 찍은 시트 위에 도넛 모양 시트를 올린 뒤 윗면에 달걀노른자를
   전체적으로 바른다.
4. 200℃로 예열한 오븐에서 10분 정도 굽는다.
5. 양송이버섯은 슬라이스하고 대파는 얇게 썬다.
6. 해물믹스는 끓는 물에 소금을 넣고 30초간 데친다.
   tip 냉동 해물은 바지락살, 홍합살, 오징어, 새우살 등 취향에 따라 준비한다.
7. 팬에 올리브유를 두르고 양송이버섯, 대파, 다진 마늘을 볶은 다음
   데친 해물믹스를 넣어 함께 볶는다.
8. 7에 화이트와인을 붓고 베샤멜 소스를 넣은 뒤 소금, 후추로 간한다.
9. 구워 둔 파이 안쪽에 해산물과 크림을 채운 다음 접시에 올리고 실파를 뿌린다.

CHAPITRE II

정통 프랑스 식탁으로 초대합니다

대구 브랑다드
Brandade de Morue

유럽에서는 오래전부터 생선을 소금에 절여 먹었어요. 오랫동안 저장하기 위해서였죠. 흰살생선을 즐겨 먹었는데 대구를 염장해 말린 것을 프랑스에서는 '모뤼*morue*', 스페인에서는 '바칼라오*Bacalao*'라고 해요. 남동부 프로방스 지역에서는 염장한 대구에 으깬 감자와 우유를 넣고 끓여서 걸쭉하게 먹거나 치즈나 빵가루를 뿌려 오븐에 구운 그라탱으로 먹지요. 바게트나 비스킷 위에 바질 페스토와 함께 얹어 브루스케타처럼 즐겨도 좋답니다.

Ingredients 2~3인분

대구살 250~300g, 감자 2개(400g), 우유 150ml, 로즈메리 1줄기, 마늘 1쪽, 올리브유 약간, 소금 약간, 후추 약간

How to make

1. 감자는 껍질을 벗겨 깍둑썰기 해 삶은 다음 뜨거울 때 으깬다.
2. 냄비에 우유, 로즈메리, 마늘을 넣고 우유가 끓으면 대구살을 넣어 익힌다.
3. 대구가 익으면 체에 거르고 우유는 다른 용기에 담아 둔다.
4. 냄비에 으깬 감자와 대구를 섞고 3의 우유를 넣어가며 약불에서 농도를 맞추면서 데운다.
5. 접시 위에 원형틀을 올리고 그 안에 4를 담은 다음 숟가락으로 평평하게 윗면을 정리하고 틀을 분리한다.
6. 올리브유를 뿌리고 소금, 후추로 간한다.

MOA'S *detail*
- 염장한 대구를 사용할 경우에는 조리 전에 꼭 물에 담가 염분기를 빼세요.
- 감자는 찐 감자를 사용해도 돼요.
- 완성된 레시피에 치즈와 노른자 한 개를 더하면 생선 크로켓 베이스로 사용할 수 있어요.

물 마리니에르
Moules Marinières

물 마리니에르는 홍합에 화이트와인을 넣고 조리한 프랑스 브르타뉴 지방의 요리예요. 홍합 대신 바지락, 꼬막 등 다른 조개류로 활용해도 좋아요. 토마토 소스, 크림, 커리 등 다양한 향신료를 더해 색다른 맛을 연출할 수도 있어요. 프랑스인들은 물 마리니에르를 먹을 때 다른 커트러리를 사용하지 않고 홍합의 빈 껍질을 이용하는데 그 모습이 무척 재밌어요. 감자튀김을 곁들여 먹거나 남은 소스에 빵을 찍어 먹으면 더 맛있답니다.

Ingredients 홍합 1kg 기준
홍합 1kg, 양파 1/2개(100g), 마늘 3쪽(20g), 파슬리가루 1작은술,
화이트와인 150ml, 올리브유 약간

How to make
1. 홍합은 껍데기에 붙은 이물질을 긁어내고 흐르는 물에 깨끗이 씻는다.
2. 양파는 정육면체 모양으로 잘게 썰고 마늘은 으깬다.
3. 홍합이 모두 들어갈 만한 깊은 팬에 올리브유를 두르고 팬이 달궈지면 다진 양파, 마늘, 파슬리를 넣고 볶는다.
4. 볶은 재료의 향이 올라오면 홍합을 넣어 함께 볶다가 화이트와인을 붓고 뚜껑을 덮어 익힌다.
5. 홍합의 입이 벌어지면 완성이다.

MOA'S detail
• 신선한 홍합은 대체로 입이 꾹 다물어져 있어요. 물에 뜨거나 껍질이 깨진 것, 입이 이미 벌어져 있는 것은 신선하지 않은 것이므로 골라내세요.
• 브르타뉴 지역에서 생산되는 뮈스카데 Muscadet라는 화이트와인과 곁들이면 궁합이 좋아요.

1

3

4

뵈프 부르기뇽
Bœuf Bourguignon

프랑스 요리의 대표 격인 뵈프 부르기뇽. 맛과 향은 전혀 다르지만, 언뜻 보면 우리의 갈비찜처럼 보이지요. 오랜 시간 뭉근하게 끓여 내다는 공통점이 있는 프렌치 비프스튜예요. 소고기와 와인, 각종 채소가 어우러져 부드러운 식감과 깊은 풍미를 자랑하는 뵈프 부르기뇽은 연말 홈파티나 손님 초대 요리의 단골 메뉴로 미리 조리해 놓을 수 있다는 장점이 있어요.

Ingredients   소고기 600g 기준

Ready   부케가르니 ▶ p.19 참고
           닭 육수 ▶ p.20 참고

스튜용 소고기 600g, **베이컨** 1½줄(150g), **양파** 1개(200g), **당근** 1개(200g), **양송이버섯** 15개 정도(250g), **밀가루(중력분)** 1큰술, **레드와인** 375ml, **닭 육수** 300ml, **토마토 페이스트** 1큰술, **부케가르니**(마늘 3쪽, 월계수 잎 1장, 파슬리 줄기 10cm 길이 6~8개, 통후추 1작은술), **다시백** 1개, **소금** 약간, **후추** 약간, **파슬리가루** 약간, **버터** 적당량

How to make

1. 소고기는 사방 3cm 크기로 썰고 소금, 후추로 밑간한다.
2. 베이컨은 1cm 길이로 썰고 양파, 당근, 양송이버섯은 소고기보다 약간 작은 크기로 썬다.
3. 바닥이 두꺼운 냄비에 올리브유(분량 외)를 두르고 베이컨을 바싹 볶은 뒤 꺼낸다.
4. 같은 냄비에 밑간한 소고기를 볶고 갈색이 고르게 나면 소고기를 꺼낸 뒤 양파와 당근을 넣고 양파의 숨이 죽을 때까지 볶는다.
5. 4에 소고기, 베이컨, 밀가루를 넣고 함께 볶는다.
6. 레드와인, 닭 육수, 토마토 페이스트와 부케가르니를 넣고 끓인다.
7. 끓기 시작하면 약불로 줄이고 중간중간 저어 주며 1시간 30분 정도 졸인다.
8. 7이 마무리 될 즈음 다른 팬에 버터를 두르고 양송이버섯을 노릇하게 볶는다.
9. 7에 볶은 양송이버섯을 넣고 5분 정도 더 끓인 뒤 부케가르니를 건져 내고 소금, 후추로 간한다.
10. 접시에 담고 그 위에 소스를 넉넉히 끼얹은 뒤 파슬리가루를 뿌린다.

MOA'S *detail*

- 소고기는 오랜 시간 조리하기 때문에 기름기가 많지 않은 스튜용 우둔살 또는 사태를 사용하면 좋아요. 조리 시간이 넉넉지 않다면 기름기가 있는 구이용을 준비하세요.
- 부르고뉴 음식인 만큼 와인도 부르고뉴의 피노누아 Pinot Noir를 곁들이면 좋지만, 단맛이 적은 드라이한 레드와인이면 어떤 품종이든 잘 어울려요.
- 사이드 디시로 매시포테이토, 그린빈스, 숏 파스타, 또는 구운 바게트를 곁들여 보세요.
- 프랑스 친구들은 우리의 카레처럼 하루 전 만들어 놓고 다음 날 데워 먹는 것이 더 맛있다고 해요.

단호박 퓌레와 발사믹 허니 소스를 곁들인 오리 가슴살 구이
Magrets de Canard au Miel & Balsamique

프랑스 요리에서 빠질 수 없는 식재료인 오리.
프랑스인들은 닭고기만큼이나 오리고기를 좋아하고 즐겨 먹어요.
오리 간으로 만든 푸아그라부터 바비큐, 훈제한 뒤 말린 햄, 오리
콩피까지. 특히 크리스마스 시즌과 잘 어울리는 오리 가슴살
스테이크는 일반적으로 단맛이 나는 채소나 과일 소스와 자주 곁들여
먹지요. 여기에 팬 프라이 한 푸아그라와 트러플까지 곁들인다면
프랑스식 초대 요리로 손색이 없어요.

Ingredients 1~2인분

Puree **단호박 퓌레**
단호박 1/2개(250~300g), 우유 100ml, 소금 약간

오리 가슴살 구이
오리 가슴살 1덩이(250g), 다진 샬롯 1큰술, 로즈메리 1줄기, 발사믹 식초 30g,
꿀 30g, 소금 약간, 후추 약간

How to make
1. 단호박은 반으로 갈라 씨를 제거하고 껍질을 벗겨 가로세로 3cm 크기로 깍둑썰기한다.
2. 깊은 내열 유리용기에 단호박과 우유를 넣고 랩을 씌워 전자레인지에 10분 돌린다.
3. 단호박이 다 익으면 소금으로 간한 뒤 믹서나 핸드블렌더로 곱게 간다.
4. 오리 가슴살의 근막과 힘줄을 제거하고 가슴살 껍질 위에 가로세로 격자로
   칼집을 낸 후 소금, 후추로 간한다.
5. 약불로 달군 팬에 껍질 쪽이 바닥에 닿게 굽는다.
6. 껍질에서 나오는 기름을 중간중간 걷어내며 바삭해질 때까지 굽는다.
7. 가슴살을 뒤집어서 살코기 부분과 양 옆면도 고루 색이 나게 구운 다음 오븐용기에 옮긴다.
8. 200°C로 예열한 오븐 또는 에어프라이어에 3분 정도 굽고 꺼내 휴지시킨다.
9. 오리 가슴살을 구웠던 팬에 다진 샬롯, 로즈메리, 발사믹 식초, 꿀을 넣고
   중불에 저으면서 조린다.
10. 접시에 단호박 퓌레와 슬라이스한 오리 가슴살을 올리고 소스를 끼얹는다.

MOA'S *detail*
- 크레이프 쉬제트의 오렌지 소스(p.195참조)와 곁들여 먹으면 더욱 맛있어요.
- 오리 껍질에서 나오는 기름을 충분히 제거해야 식감이 좋아져요.
- 오븐이 없다면 뜨거운 팬에 넣고 뚜껑을 덮은 뒤 불을 끄고 팬에 남은 잔열로 익히세요.
- 남은 오리 기름으로 채소를 볶으면 풍미를 높일 수 있어요.
- 오리 가슴살은 오래 익히면 퍽퍽해지니 퀴송 cuisson(익힘 정도)에 주의하세요.

코코뱅
Coq Au Vin

코코뱅의 코크*Coq*는 닭, 뱅*Vin*은 와인이라는 뜻이에요. 프랑스를
상징하는 두 단어는 이름 그대로 닭을 와인에 푹 삶은 스튜요리인데요,
우리나라에 닭을 간장에 졸여 만드는 찜닭이 있다면 프랑스에는
닭을 와인에 졸여 만드는 코코뱅이 있지요.
프랑스는 와인이 풍부한 나라이기도 하지만 물을 넣어 끓인 요리는
양을 늘리고 맛을 희석시킨다고 생각해서 요리에 물 대신 와인을 많이
사용해요. 일반적으로 레드와인을 넣어 만드는 코코뱅은 지역별로
사용하는 와인에 따라 요리명이 바뀌기도 하는데, 예를 들어 뱅존을
사용하는 쥐라*Jura* 지역에는 코코뱅존*Coq Au Vin Jaune*, 샴페인을 넣는
샹파뉴 지역에는 코코샹파뉴*Coq Au Champagne*, 화이트와인 리슬링을
넣는 알자스*Alsace* 지역에는 코코리슬링*Coq Au Riesling*이 있지요.
코냑이나 브랜디를 넣기도 하지만 고가이고 구하기 쉽지 않은 재료라
생략했어요.

2

4

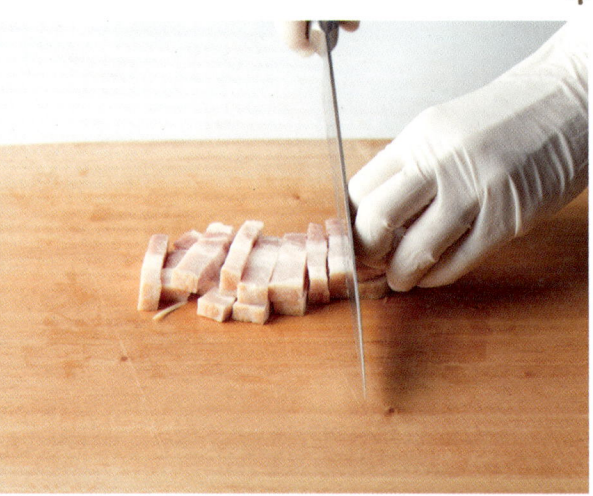

6

8

Ingredients 2~3인분

Ready 부케가르니 ▶ p.19 참고
닭 육수 ▶ p.20 참고

손질한 닭(닭 볶음용) 1kg, **양파** 1개(250g), **당근** 2개(250g), **레드와인** 500ml,
부케가르니(파슬리 줄기 10cm 길이 6~8개), 월계수 잎 1장, 타임, 통후추 1작은술),
다시백 1개, **두툼한 베이컨** 2줄(100g), **양송이버섯** 10개(150g), **닭 육수** 500ml,
밀가루 1/2큰술, **소금** 약간, **후추** 약간, **버터** 적당량

How to make
1 양파는 길게 채 썰고 당근은 1cm 두께로 썬다.
2 볼에 손질한 닭, 레드와인, 양파, 당근, 부케가르니를 넣고 하룻밤 동안 재운다.
3 2를 체에 거르고, 거른 와인은 다른 용기에 담아 둔다.
4 베이컨은 두툼하게 슬라이스하고, 양송이버섯은 이물질을 제거한다.
5 닭 표면을 키친타월로 닦아 수분을 제거한 후 소금, 후추로 간한다.
6 냄비에 식용유를 두르고 닭의 양면을 구운 뒤 꺼낸다.
7 같은 냄비에 3의 거르고 남은 채소와 베이컨을 넣고 볶는다.
8 닭을 7에 다시 넣고 밀가루를 더해 볶은 후 닭 육수와 체에 거른 와인을 붓고 중불에서 끓인다.
9 끓기 시작하면 약불로 줄이고 1시간~1시간 30분 정도 졸인다.
10 다른 팬에 버터를 두르고 양송이버섯을 볶는다.
11 9에 소금, 후추 간하고 볶은 양송이버섯과 함께 접시에 담아 완성한다.

MOA'S *detail*
- 닭은 손질된 볶음용 닭을 구입해 사용하세요.
- 뵈프 부르기뇽과 마찬가지로 하루 전날 만들어 두었다가 다음 날 데워 먹으면 더 맛있어요.
- 사이드 디시로 찐 감자나 감자 퓌레, 파스타 혹은 밥을 곁들여 보세요.

후추 크림 소스를 곁들인 스테이크
Steak au Poivre

'스테이크 오 푸아브르' 또는 '필레미뇽 오 푸아브르'로 불리는 이 요리는 소고기 안심이나 등심을 굵은 후추에 입혀 구운 뒤 머스터드 크림 소스를 입힌 스테이크예요. 이 소스는 소고기뿐만 아니라 돼지고기, 닭고기와도 잘 어울리는 소스니 다른 재료에도 활용해 보세요. 감자튀김을 곁들이면 술안주로도 제격이랍니다.

Ingredients 1인분

소고기 안심 또는 등심 200~250g, 통 흑후추 1큰술, 으깬 마늘 1쪽,
타임 또는 세이지 1줄기, 버터 20g, 생크림 약 50ml, 디종 머스터드 1큰술,
냉동 감자튀김 1줌(약 200g), 소금 약간

How to make
1. 통후추는 절구에 굵게 빻거나 지퍼백에 넣어 밀대로 으깬다.
2. 고기는 소금을 뿌린 뒤 한 면에 으깬 후추를 입힌다.
3. 달궈진 팬에 올리브유를 두른 후 중불로 고기의 표면이 갈색이 나도록 익힌다.
4. 으깬 마늘, 타임, 버터를 넣고 팬을 기울여 스푼으로 고기에 녹은 버터를 끼얹는다.
5. 고기가 노릇하게 구워졌으면 오븐용기에 옮겨 200℃로 예열한 오븐에 3분간 익힌다.
6. 고기를 굽던 팬에 생크림과 디종 머스터드를 넣어 소스의 농도를 맞춘다.
7. 오븐에서 고기를 꺼내 10분 정도 휴지시키는 동안 냉동 감자튀김을
   200℃의 에어프라이어에 15~18분 정도 굽는다.
   tip 중간에 한 번 뒤집는다.
8. 접시에 스테이크와 감자튀김을 담고 스테이크 위에 소스를 얹는다.

MOA'S *detail*
- 후추는 가루 형태가 아닌 통후추를 으깨 사용하세요.
- 고기는 굽기 전에 미리 상온에 꺼내 놓고 구운 후 휴지 시간을 지켜야
  육즙이 고르게 퍼지고 접시 위에서 썰 때 핏물이 흐르지 않아요.
- 코냑이나 브랜디가 있다면 소스에 1큰술 정도 더하세요.

CHAPITRE II 정통 프랑스 식탁으로 초대합니다

LA CUISINE À *France*

프랑스 지역별 음식과 와인 이야기
Local Food & Wine

프랑스는 동네마다 수시로 장 Marché이 서고, 로컬에서 재배된 신선한 농산물이 거래됩니다. 보통 오전에 장을 열고 오후가 되면 장을 철수하는데, 모든 상인이 자리를 떠난 후 말끔히 정리되어 있는 장터의 모습을 볼 때마다 그들의 시민의식에 감탄하곤 해요. 또, 좋은 먹거리와 로컬푸드의 공급이 일상화되어 있다는 데 부러움을 느끼곤 하죠.

프랑스 사람들은 대체로 지방색이 강한 편이에요. 예를 들어 국적을 묻는데 '프랑스 사람이다'라고 대답하지 않고 '파리지앵 Parisien 파리 사람', '브루통 Breton 브르타뉴 사람', '리오네즈 Lyonnais 리옹 사람', 라고 자신의 출신지를 말하더라고요. 음식명에서도 마찬가지로 지역 전통음식에 대한 자부심을 엿볼 수 있어요. 사실 우리가 알고 있는 프랑스 음식명에도 지역명이 표기되는 것들이 많아요. 이 책에도 등장하는 '리오네즈 샐러드(리옹 Lyon)', 키슈 로렌(로렌 Lorraine), 뵈프 부르기뇽(부르고뉴 Bourgogne), 사블레 브르통(브르타뉴 Bretagne)처럼요. 프랑스 미식 지도 Carte Gastronomique de la France에는 지역마다 각양각색의 수백 가지 치즈, 와인, 전통 요리, 과자 등이 한눈에 볼 수 있게 표시되어 있는데, 부르고뉴의 에스카르고 escargot, 브르타뉴의 갈레트 galette, 노르망디의 카망베르치즈 camembert, 마르세이유의 부야베스 bouillabaisse, 보르도의 카늘레 cannelé, 툴루즈의 소시지 saucisse 등이 그런 예지요. 음식으로 빼곡한 지도를 가만히 보고 있노라면 그들이 갖는 프랑스 요리에 대한 자부심에 고개를 끄덕일 수밖에 없답니다.

와인을 빼고 프랑스 요리를 논할 수는 없겠지요. 보통 식사 코스를 중심으로 한두 잔씩 마시는데, 식사 전 입맛을 돋우기 위해 마시는 식전주인 아페리디프 Apéritif(혹은 아페로 Apéro), 식사 중 메인이 되는 음식과 함께 곁들이는 테이블와인, 그리고 식후에 마시는 디저트와인 등, 음식을 중심으로 어울리는 와인을 매칭해요. 와인을 즐겨 마시지 않는 사람도 '화이트 와인은 생선과 해산물 요리, 레드와인은 육류 요리'라는 규칙을 한 번쯤은 들었을 테지만, 조리법을 고려하여 와인을 선택할 수도 있어요. 붉은 살생선 요리나, 맛을 풍부하게 낸 기름진 해산물 요리에 레드와인을 선택해 보세요. 담백한 고기 요리에 화이트와인도 좋고요. 흔히 와인과 요리의 최고의 궁합을 '마리아주 marriage'라고 하는데. 와인은 소금이나 소스처럼 음식에 향미를 더해주는 역할을 해요. 생산 지역도 마리아주의 기준이 될 수 있어요. 프랑스의 대표적인 와인 생산지로는 보르도 Bordeaux, 부르고뉴 Bourgogne, 론 Rhone, 샹파뉴 Champagne, 알자스 Alsace, 루아르 Loire 등이 잘 알려져 있는데요, 같은 토양과 환경에서 재배되어 생산된 음식과 와인을 조합하는 것이야 말로 최고의 마리아주라고 할 수 있어요. 그 지역의 음식과 그 지역에서 생산되는 와인을 함께 즐기면서 나만의 마리아주를 만들어 보세요.

소고기 토마토 파르시 *Tomates Farcies*

엔다이브 잠봉 *Endive au Jambon*

그라탱 도피누아 *Gratin Dauphinois*

피살라디에르 *Pissaladière*

연어 파피요트 *Saumon en Papillote*

페이스트리로 감싼 가리비 *Coquilles Saint-Jacques Lutées*

풀레 로티 *Poulet Rôti*

흑돼지 프렌치렉 스테이크 *Côtelette de Porc*

My First French Cuisine

CHAPITRE

III

에어프라이어로 손쉽게 만드는 프랑스 요리

소고기 토마토 파르시
Tomates Farcies

파르시*Farcie*는 프랑스어로 다진 고기나 채소로 '속을 채운'이라는 뜻이에요. 토마토 속을 파내고 양념한 고기를 채운 뒤 구워낸 프랑스 가정식, 토마토 파르시. 조리는 간단해도 고급스러운 비주얼 덕분에 연말 파티나 손님 초대용 요리로 제격이에요. 토마토는 생으로 먹어도 좋지만 따뜻하게 구워 먹으면 영양소가 더욱 풍부해져요. 고소한 소고기 육즙이 토마토에 스며들어 채소를 싫어하는 아이들 입맛도 사로잡을 수 있답니다.

Ingredients 토마토 4개 분량

다진 소고기 250g, 토마토 4개(800g), 달걀 1개, 다진 양파 4큰술, 다진 마늘 1작은술, 빵가루 2큰술, 파슬리가루 1작은술, 소금 약간, 후추 약간, 모차렐라치즈 40g

How to make
1. 토마토는 꼭지가 달린 윗 부분을 적당히 잘라 뚜껑을 만든다.
2. 숟가락을 이용해 토마토 안쪽 과육을 파낸다.
3. 토마토 안쪽에 소금을 뿌려 간한 다음 키친타월을 깐 접시에 뒤집어 물기를 뺀다.
4. 볼에 다진 소고기와 달걀, 다진 양파, 마늘, 빵가루, 파슬리가루, 소금, 후추를 넣고 버무린다.
5. 토마토 안쪽에 4를 채우고 190℃로 예열한 에어프라이어에서 20분 동안 굽는다.
6. 20분 뒤 꺼내어 모차렐라치즈를 얹고 토마토 꼭지 부분을 덮은 뒤 10분간 더 굽는다.

MOA'S *detail*
- 과숙 된 토마토는 익는 동안 부서질 수 있으니 크고 단단한 토마토로 준비하세요.
- 토마토 외에도 파프리카, 주키니 등 다양한 종류의 채소를 활용할 수 있어요.
- 토마토가 익는 동안 즙이 나오므로 꼭 그라탱용기에 담아 에어프라이어에 넣으세요.
- 양념한 소고기를 한 번 볶아 넣으면 조리 시간을 단축할 수 있어요.

엔다이브 잠봉
Endive au Jambon

알배추와 비슷하게 생겼지만, 맛은 전혀 다른 엔다이브.
치콘*Chicon*이라는 이름으로도 불리지요. 배추의 단맛을 상상했다가
특유의 쌉쌀한 맛 때문에 요리하기 꺼려진다는 분도 있고
아직 친숙하지 않은 재료라서 어떻게 해 먹을지 모르겠다는 분도
많더라고요. 부드럽게 익힌 엔다이브를 잠봉에 돌돌 말아 감싼 뒤
크림 소스와 치즈를 채워 노릇하게 구워냈어요. 우리집 식탁을
더욱 풍성하게 해 줄 엔다이브 잠봉, 여러분도 꼭 만들어 보세요.

Ingredients 엔다이브 2대 분량

Ready 베샤멜 소스 ▶ p.22 참고

엔다이브 2대(300g), **설탕** 1큰술, **식초** 1큰술, **잠봉** 2장(100g),
베샤멜 소스 200g, **에멘탈치즈** 30g

How to make
1. 엔다이브는 끓는 물에 설탕과 식초를 넣고 15분 동안 삶아 내 물기를 짠다.
2. 잠봉을 펼쳐 놓고 그 위에 삶은 엔다이브를 올린 다음 돌돌 만다.
3. 그라탱용기에 2를 담고 베샤멜 소스를 바른다.
4. 에멘탈치즈를 갈아 소스 위에 골고루 뿌린다.
5. 180℃로 예열한 에어프라이어에서 15분 동안 굽는다.

MOA'S *detail*
- 수분감을 줄이고 싶다면 찜기를 사용해 조리하세요.
- 엔다이브는 아랫부분에 쓴맛이 몰려 있으니 쓴맛이 싫다면 밑동 부분을 제거한 후 사용하세요.
- 에멘탈 외에 다양한 치즈로 대체 가능하고 베샤멜 소스에 치즈를 미리 섞어도 돼요.

그라탱 도피누아
Gratin Dauphinois

프랑스 남동부 도피네*Dauphiné* 지방에서 전해 내려온 음식인 그라탱 도피누아는 얇게 썬 감자를 켜켜이 쌓고 크림을 부어 익히는 요리예요. 요즘에는 치즈나 베이컨 등의 부재료를 넣어 감칠맛을 더하기도 하지만 가장 전통적인 방식의 그라탱 도피누아는 담백하고 고소한 맛이 특징이에요. 만드는 과정도 쉽고 감자, 생크림, 우유만 있으면 완성되는 요리라 자주 만들게 돼요.

Ingredients 20cm×15cm 사각 그라탱용기 1개 분량

생크림 200ml, **우유** 50ml, **다진 마늘** 2큰술, **소금** 약간, **후추** 약간, **넛메그가루** 약간, **감자** 2개(450g), **버터 조각** 20g,

How to make
1 냄비에 생크림, 우유, 다진 마늘, 소금, 후추, 넛메그가루를 넣고 끓인다.
2 감자는 잘 씻어 껍질을 벗긴 후 균일한 두께로 얇게 슬라이스한다.
   tip 슬라이서를 이용하면 편리하다.
3 그라탱용기에 버터를 바르고 감자를 켜켜이 쌓으면서 중간중간 1을 붓는다.
4 윗면에 버터 조각을 고루 올린다.
5 170℃로 예열한 에어프라이어에서 40분 동안 굽는다.
   tip 칼로 찔러보았을 때 감자가 푹 들어가면 완성이다.

MOA'S detail
- 감자의 전분 성분이 크림의 점도를 맞춰 주기 때문에 감자를 자른 후에는 물에 헹구지 마세요.
- 그라탱이 익는 동안 끓어 넘치지 않도록 크림은 용기의 2/3까지만 채워요.
- 더 고소한 맛을 원한다면 마지막 단계에서 그라나파다노치즈 20g을 갈아 올리고 치즈가 녹을 때까지 10분 정도 더 구워 주세요.
- 온도를 낮추고 오래 익히면 더욱 부드러운 식감으로 완성돼요.

2

3

4

피살라디에르
Pissaladière

프랑스 남부 프로방스 지방의 전통 음식인 피살라디에르는 플랫브레드 위에 양파, 올리브, 안초비를 얹어 구운 프랑스식 피자예요. 프로방스 요리는 국경을 맞대고 있는 이탈리아 요리와 참 많이 닮아 있어요. 이 레시피는 브루스케타처럼 와인 안주로 더 간단하게 준비할 수 있도록 구운 바게트 위에 토핑을 올리고 모차렐라치즈도 더했어요. 오래 볶은 양파의 달콤함과 안초비의 짭조름한 맛의 조화가 특징이지만 기호에 따라 재료를 바꿔도 좋아요. 프랑스 남부 지방에서는 로제 와인을 주로 곁들여 즐긴답니다.

Ingredients **바게트 1/2개 분량**

바게트 1/2개, 모차렐라치즈 30g, 양파 1개(200g), 안초비 8마리, 블랙올리브 5알, 그린올리브 5알, 올리브유 1큰술, 버터 1큰술, 타임 1줄기, 후추 약간

How to make
1. 바게트는 1.5cm 두께로 썬다.
2. 모차렐라치즈는 0.3cm 두께로 썰고 양파는 0.5cm 두께로 채 썬다.
3. 블랙올리브와 그린올리브는 슬라이스한다.
4. 팬에 올리브유를 두르고 버터를 녹인 다음 채 썬 양파와 타임을 넣고 후추를 뿌려 중불에서 양파가 갈색이 될 때까지 볶는다.
5. 바게트 위에 모차렐라치즈, 볶은 양파, 안초비, 올리브 순서로 올린다.
6. 180℃로 예열한 에어프라이어에서 5분 동안 굽는다.

MOA'S *detail*
- 바게트 대신 포카치아나 토르티야를 사용해도 좋아요.
- 안초비나 올리브는 염도가 충분해서 따로 소금 간은 하지 않아요.
- 양파는 오래 볶아야 단맛이 잘 올라와 맛의 조화가 이루어져요.

연어 파프리카 파피요트
Saumon en Papillote

파피요트는 재료를 유산지나 포일에 싸서 조리하거나 또는 그대로 서빙하는 것을 뜻해요. 만들기 쉬운 반면 근사한 모양 덕분에 홈파티나 초대 요리에 빠지지 않는 단골 메뉴예요. 비교적 조리 시간이 짧은 제철 해산물이나 생선을 주로 사용하는데 유산지로 수분과 향이 빠져나가는 것을 줄여 주어 재료의 풍미와 촉촉함을 유지해 줘요. 대구, 가자미, 농어 등 흰살생선과도 아주 잘 어울리고요.

Ingredients   연어 200g 분량

연어 200g, 노랑 파프리카 1/2개(100g), 빨강 파프리카 1/2개(100g), 적양파 1/2개(125g), 슬라이스 레몬 2장, 로즈메리 3줄기, 올리브유 1큰술, 소금 약간, 후추 약간

How to make

1. 파프리카는 각각 깨끗이 씻은 후 꼭지와 씨를 제거한 뒤 채 썰고, 적양파도 채 썬다.
2. 연어는 앞뒤로 올리브유(분량 외)를 바르고 소금, 후추로 간한다.
3. 볼에 파프리카와 적양파를 담고 소금, 후추, 올리브유, 로즈메리를 넣어 버무린다.
4. 유산지를 펼친 뒤 3을 깔고 연어를 위에 올린다.
5. 레몬을 올리고 유산지 끝부분을 사탕 모양으로 잘 만다.
6. 180℃로 예열한 에어프라이어에서 15분 동안 굽는다.

MOA'S *detail*

- 각종 허브와 프로방스풍의 채소(파프리카, 피망, 주키니, 토마토, 가지 등)를 다양하게 활용해 보세요.
- 브뤼셀 스프라우트(미니 양배추), 컬리플라워, 뿌리채소를 사용할 경우에는 냄비에 한 번 데친 뒤로 굽는 게 좋아요.
- 화이트와인이 있다면 연어를 굽기 전 고르게 살짝 둘러 주세요.
- 비네그레트 그리비쉬 소스(p.39 참고)를 곁들여 보세요.

페이스트리로 감싼 가리비
Coquilles Saint-Jacques Lutées

얼마 전 수산물 가게에서 신선한 가리비를 보고 프랑스에서 먹던 가리비 요리인 '코키 생-자크 뤼테*Coquilles Saint-Jacques Lutées*'가 생각났어요. 이 요리는 손님맞이 상차림에 어울릴 만한 따뜻한 전채요리인데요, 반죽으로 냄비와 뚜껑 사이를 감싸 밀봉한 뒤 익히는 '뤼테*Luter*'라는 조리법을 사용해요. 이렇게 하면 재료 고유의 향과 수분을 간직할 수 있지요. 조개껍데기를 감싸 구운 반죽을 떼고 뚜껑을 열면 시원한 바다 내음과 제철 채소의 향긋함에 저절로 엄지손가락이 치켜세워진답니다.

Ingredients **3인분**

가리비관자 6개, 당근 1/2개(90g), 주키니 또는 애호박 1/2개(150g), 껍질 벗긴 완두콩 3큰술, 올리브유 1큰술, 시판용 사각 퍼프 페이스트리 11cm×11cm 1장, 달걀노른자 약간, 소금 약간, 후추 약간

How to make

1. 가리비 입을 열어 관자를 깨끗이 씻는다.
2. 가리비 껍데기는 깨끗이 씻어 소금물에 삶는다.
3. 당근, 주키니는 채 썬다.
4. 팬에 올리브유를 두르고 채 썬 당근, 주키니, 완두콩을 볶은 다음 소금, 후추로 간한다.
5. 가리비 껍데기 안에 4를 넣고 관자살을 2~3개씩 담는다.
6. 가리비 뚜껑을 덮고 퍼프 페이스트리로 입 주위를 감싼 다음 그 위에 달걀노른자를 바른다.
7. 180℃로 예열한 에어프라이어에서 20분 동안 굽는다.

MOA'S *detail*

- 내용물을 담아야 하므로 가리비는 큰 사이즈로 고르세요.
- 가리비 내장은 제거해 주세요.
- 퍼프 페이스트리로 감싸기 전 해초 버터, 허브 버터, 레몬 버터 등을 한 조각 넣어도 좋아요.

풀레 로티
Poulet Rôti

우리에게 프라이드치킨이 있다면 프랑스에는 풀레 로티가 있어요. 파리에서 일하던 시절, 근처 로티세리*Rôtisserie** 앞을 지나갈 때면 윤기 좌르르 맛깔스럽게 구워지고 있는 통닭에서 한참 동안 눈을 뗄 수가 없었지요. 저에게 대표적인 프랑스 가정식을 하나만 꼽으라면 풀레 로티라고 답할 거예요. 흔히 크리스마스에 먹는 파티 요리라고 알려졌지만 실제로는 일요일 저녁, 많은 프랑스 가정에서 풀레 로티에 감자튀김을 곁들여 먹는 모습을 볼 수 있답니다.

Ingredients 닭 1마리 기준

닭 1마리, 알감자 10~12개(250g), 브뤼셀 스프라우트(미니 양배추) 10알(200g), 마늘 10쪽, 소금 약간, 후추 약간, 타임 2줄기, 올리브유 적당량

How to make
1. 알감자와 브뤼셀 스프라우트는 씻어서 반으로 자른 뒤 끓는 물에 살짝 데친다.
2. 닭은 깨끗이 씻은 뒤 물기를 닦은 다음 전체적으로 올리브유를 바르고 소금, 후추로 간한다.
3. 볼에 데친 알감자와 브뤼셀 스프라우트, 마늘, 타임, 소금, 후추, 올리브유를 넣고 잘 버무린다.
4. 유산지 위에 3을 깔고 그 위에 닭을 올려 에어프라이어에 담는다.
5. 200℃로 예열한 에어프라이어에서 45~50분 동안 굽는다.

MOA'S *detail*
- 로티세리*Rôtisserie*는 로스트한 고기류를 전문으로 판매하는 레스토랑이에요.
- 올리브유 대신 녹인 버터를 붓으로 바르면 닭 껍질이 더욱 노릇해져요.
- 쿠스쿠스나 채소로 닭을 채워 굽기도 해요.

2

4-1

4-2

흑돼지 프렌치렉 스테이크
Côtelette de Porc

프렌치렉은 6개월 미만의 양 한 마리에서 2%밖에 안 나오는
특수부위인데요, 흔히 양고기로나 만날 수 있는 프렌치렉을 요즘은
돼지고기로도 어렵지 않게 구할 수 있어요. 부위의 특성상 껍질째
붙어 있는 지방층이 두껍고 삼겹살, 등갈비, 등심을 한 번에 맛볼 수 있어
제대로 된 고기 맛을 즐길 수 있어요. 별도의 마리네이드 과정 없이
소스만 발라 굽는 간편한 조리법을 사용하기 때문에
캠핑 메뉴로도 추천해요.

Ingredients 1~2인분

흑돼지 뼈 등심 2대(500g), 적근대 1줌, 세이지 혹은 타임 4줄기, 마늘 2쪽,
올리브유 2큰술, 소금 약간, 후추 약간

Sauce 꿀 1큰술, 홀그레인 머스터드 1큰술, 케첩 1큰술, 허브가루 1작은술

How to make
1. 고기의 양면을 소금, 후추로 간하고 적근대는 깨끗이 씻는다.
2. 소스볼에 꿀, 홀그레인 머스터드, 케첩, 허브가루를 넣고 섞는다.
3. 팬에 올리브유를 두르고 고기의 한쪽 면이 노릇하게 색이 날 때까지 굽는다.
4. 반대편으로 뒤집어 허브와 마늘을 넣고 향을 더해 굽는다.
5. 2의 소스를 고기 양면에 바른다.
6. 에어프라이어에 유산지를 깔고 적근대를 올린 뒤 고기를 얹는다.
7. 200℃로 예열한 에어프라이어에 10분 동안 굽고 고기를 꺼내어 10분 정도 휴지시킨다.
8. 고기를 먹기 좋게 썬 후 접시에 적근대와 함께 담는다.

MOA'S *detail*
- 흑돼지뼈는 대형 마트나 온라인몰에서 구입할 수 있어요.
- 고기는 꼭 팬에서 색을 낸 뒤에 에어프라이어에 넣으세요.
- 굽고 난 뒤 휴지시간을 지켜야 겉은 바삭하고 속은 촉촉한 겉바속촉의
  식감을 얻을 수 있어요.
- 굽는 시간은 고기의 두께에 따라 달라지니 체크하세요.
- 파슬리, 바질, 오레가노 등 취향에 맞는 허브가루를 더해 보세요.
  카레가루, 훈연 파프리카가루를 사용해도 좋아요.

LA CUISINE À *France*

노버터, 노라이프
No Butter, No Life

프랑스인들의 버터 사랑은 이루 말할 수 없어요. 빵에 발라 먹는 것은 물론 베이킹에도, 요리에도 정말 많이 쓰이는 필수재료지요. 버터는 음식에 풍부한 향을 주고 섬세한 맛을 구현해요. 버터를 구분하는 방법은 여러 가지가 있지만 소금 첨가 여부에 따라 무염버터와 가염버터로 나뉘어요. 가염버터는 다시 소금을 살짝 가미한 반가염버터와 짭조름한 가염버터(버터 100g당 소금 3% 이상 첨가)로 나눌 수 있어요. 무염버터인 '뵈르 두Beurre Doux'는 주로 베이킹에 사용하고 반가염버터인 '드미셀Demi-sel'과 '살레salé'는 빵에 발라 먹거나 요리에 사용해요. 프랑스 버터는 풍미가 유달리 깊고 진하다고 알려져 있는데 유지방 함량이 최소 82% 이상으로 높은 편이에요.

품질 좋은 버터를 만들기 위해서는 당연히 우유의 품질이 좋아야 하죠. 고품질 우유는 토양과 기후가 뒷받침되어야 하고요. 프랑스에서 가장 유명한 버터 산지인 노르망디Normandie와 브르타뉴Bretagne 지역은 온화한 해양

MOA'S *detail* • 테루아Terroir란 프랑스어로 '토양'이라는 뜻이지만, 식재료의 테루아는 해당 식재료를 재배하는 데 영향을 끼치는 지리적인 특성, 기후적인 특성 등의 자연적인 요소뿐 아니라 재배방식 등 사람의 손길이 닿는 모든 요소까지 통틀어 일컫는 말이에요.

기후와 일 년 내내 고른 강수량으로 인해 미네랄이 풍부한 토양에서 신선한 목초가 자라요. 전통 자연 방목으로 키운 건강한 소에서 나온 우유로 가공한 버터. 이러한 것이 바로 프랑스에만 존재하는 용어인 '테루아Terroir*'의 위대함을 잘 설명해 준다고 생각해요.

제 첫 직장은 프랑스 브르타뉴Bretagne 해안가에 있는 레스토랑이었는데요, 그곳에서 지내는 동안 브르타뉴산 버터를 아낌없이 듬뿍 넣은 퀸아망Kouign amann과 갈레트galette를 매일같이 찾아 먹었어요. 한번 먹어 보면 절대 잊을 수 없는 맛이에요. 그 뒤에는 그 어떤 곳에서도 그 맛을 찾을 수가 없었지요.

우리나라에서도 점점 좋은 버터에 대한 수요가 늘고 있고, 프랑스 제품에 대한 관심도도 높아지고 있는데요, 대표적으로 알려진 3대 버터는 바로 이즈니Isigny 버터, 에쉬레Échiré 버터, 보르디에Bordier 버터예요. 이즈니, 에쉬레 버터보다 조금 생소할 수 있는 보르디에 버터는 개인적으로 제가 가장 좋아하는 버터예요. 보르디에 버터 장인 장 이브 보르디에Jean-Yves Bordier가 자신의 이름을 걸고 만드는 수제 버터로, 각지의 최고급 레스토랑에 납품하는 최상급 버터예요. 일반적인 무염, 가염버터 외에도 해초, 고추, 바닐라, 유자 등 여러 가지 맛이 있어서 요리에 활용하기도 좋아요.

우리가 프랑스의 식재료 라벨에서 쉽게 볼 수 있는 AOC Appellation d'Origine Contrôlée*(원산지 통제 명칭)는 소비자가 안심하고 상품을 구입할 수 있도록 특정 지역의 생산물이 지리적 환경으로 인해 좋은 품질과 차별적 특성을 가질 때 그 지역명을 표시하는 제도예요. 버터도 마찬가지로 AOC의 보호를 받고 있으니 버터를 구입할 때 AOC, 혹은 AOP인증마크가 있는지 꼭 라벨을 눈여겨보세요.

보르디에 버터

MOA'S *detail*
- **AOP** Appellation d'Origine Protégée
  유럽연합 단위의 '원산지 보호 명칭' 제도. 프랑스의 AOC 승인 후 인증받을 수 있어요.

브리치즈구이 *Brie Fondant*

파르메산 튀일 *Tuiles au Parmesan*

케이크 살레 *Cake Salé*

카망베르 크로켓 *Croquettes de Camembert*

부라타치즈와 방울토마토 *Burrata aux Tomate Cerise*

팽 에리송 *Pain Hérisson*

구운 비트 & 리코타 *Carpaccio de Betterave et Ricotta*

콘 수플레 *Soufflé au Fromage et Maïs*

퐁뒤 사부아야르드 *Fondue Savoyarde*

치즈 & 샤퀴트리 플레이트 *Plateau de Fromage et Charcuterie*

My First French Cuisine

CHAPITRE
IV
홈술 파티, 치즈를 가장 맛있게 즐기는 방법

브리치즈구이
Brie Fondant

'치즈의 여왕'이라 불리는 브리치즈를 이용한 메뉴예요.
과일과 견과류의 부드러운 풍미로 누구에게나 사랑받는 브리치즈에
달콤한 블루베리 잼과 견과류를 얹고 에어프라이어로 구워주면
완성이에요. 재료도, 레시피도 너무 간단하니 와인 안주로
꼭 만들어 즐겨 보세요.

Ingredients 브리치즈 1개 분량

브리치즈 1팩(125g), 블루베리 잼 1큰술, 모듬견과 1봉(40g), 꿀 1큰술

How to make
1. 브리치즈는 8등분으로 크게 칼집을 낸다.
   tip 끝까지 자르지 않도록 주의한다.
2. 윗면에 블루베리 잼을 바른다.
3. 견과류는 꿀에 버무려 치즈 위에 듬뿍 얹는다.
4. 175℃로 예열한 에어프라이어에서 15분 동안 굽는다.

MOA'S *detail*
- 빵이나 크래커, 과일 등과 함께 내면 좋아요.
- 치즈를 더 녹이고 싶다면 오븐에 넣기 전 전자레인지에 먼저 30초 정도 돌리세요.
- 브리치즈 대신 카망베르치즈로 대체 가능해요.
- 페이스트리 반죽에 감싸 구우면 버터의 향이 입혀져 풍미가 훨씬 좋아져요.

파르메산 튀일
Tuiles au Parmesan

와인 안주로 제격인 파르메산 튀일은 과자처럼 즐길 수 있어 남녀노소 누구나 좋아하는 메뉴예요. 파슬리가루 외에도 취향에 따라 다른 허브나 향신료 등 다양한 맛을 첨가하여 즐겨 보세요.

Ingredients 튀일 10개 분량

파르메산치즈 50g, 파슬리가루 적당량

How to make
1. 치즈는 강판이나 그라인더를 이용해 곱게 간다.
2. 오븐팬에 유산지를 깔고 곱게 간 파르메산치즈 한 스푼을 동그란 모양으로 편다.
3. 170℃로 예열한 오븐에서 3분간 굽는다.
4. 오븐에서 꺼내자마자 밀대에 올려 모양을 잡는다.
5. 한 김 식힌 후 바삭해지면 파슬리가루를 뿌린다.

MOA'S *detail*
- 색깔이 진할수록 쓴맛이 날 수 있으니 너무 노릇해지지 않게 주의하세요.
- 오븐이 없다면 프라이팬을 사용해도 돼요. 밀대가 없다면 뒤집은 컵 등을 활용하여 바구니 모양으로 만들 수도 있답니다.

케이크 살레
Cake Salé

케이크는 당연히 달콤하다는 편견을 깬 케이크 살레는 햄, 치즈,
올리브 등 짭조름한 재료를 넣어 구운 세이버리 파운드케이크예요.
프랑스인들은 주로 아페로*apero*, 식전주와 함께 즐긴답니다.
가장 클래식한 조합은 햄, 치즈, 올리브지만 기호에 따라
참치, 훈제 연어, 선드라이드 토마토, 파프리카, 호박, 초리조 등을
넣어도 좋아요. 집집마다 레시피가 다른 만큼 재료에 따라
변화무쌍하게 응용할 수 있는 요리예요. 반죽은 레시피를 따르되,
다양한 부재료를 사용하여 여러분도 나만의 케이크 살레를 만들어 보세요.

Ingredients　16.5×8.5cm 파운드케이크틀 1개 분량

밀가루 75g, 베이킹파우더 5g, 반건조 무화과 100g, 호두 30g, 페타치즈 50g,
달걀 2개, 우유 65ml, 포도씨유 50ml, 소금 약간, 후추 약간

How to make
1. 우유를 차갑지 않도록 상온에 꺼내 둔다.
2. 파운드케이크틀에 버터(분량 외)를 바르고 밀가루를 입히거나 유산지를 깐다.
3. 무화과, 호두, 페타치즈는 작은 정육면체 모양으로 썬다.
4. 볼에 밀가루와 베이킹파우더를 함께 체 친다.
5. 4에 달걀을 하나씩 풀어 섞은 뒤 우유와 포도씨유를 넣고 반죽이 매끄러워질 때까지 섞는다.
6. 반죽에 무화과, 호두, 페타치즈를 섞고 소금, 후추로 간한 뒤 틀에 붓는다.
7. 180℃로 예열한 오븐에서 40분 동안 굽는다.

MOA'S *detail*
- 페타치즈는 치즈 자체의 염도가 높으니 소금양을 적절히 조절하세요.
- 무화과가 한창인 철에는 반건조 무화과 대신 생무화과를 넣어 보세요.
- 굽는 시간은 오븐에 따라 변경될 수 있으니 이쑤시개, 뾰족한 칼 등으로 케이크 중앙을 찔러 보세요. 반죽이 묻어 나오지 않고 깨끗하면 완성이에요.

카망베르 크로켓
Croquettes de Camembert

카망베르치즈는 노르망디 지역의 카망베르*Camembert*라는 마을에서
탄생했어요. 겉모습과 맛이 브리치즈와 많이 닮아 자주 혼동하게 되죠.
카망베르는 브리치즈보다 빨리 숙성되므로 맛과 향이 더 강해요.
외피는 단단하고 속은 부드러워 오래 두면 흘러내리는 질감을 가지고
있어요. 카망베르치즈를 듬뿍 넣은 버섯 향의 감칠맛 나는 크로켓에
사과로 만든 노르망디 전통 브랜디인 칼바도스*Calvados*를 함께 즐겨 보세요.

Ingredients   **카망베르치즈 1개 분량**

카망베르치즈 1개(125g), **샐러드용 새싹** 1줌, **달걀** 2개,
빵가루 적당량, **식용유** 적당량

Sauce   **마요네즈** 3큰술, **트러플오일** 1작은술, **꿀** 1작은술, **레몬즙** 1큰술,
파슬리가루 1작은술

How to make

1. 카망베르치즈는 네모난 큐브 모양으로 썬다.
   tip 큐브형 카망베르로 대체 가능하다.
2. 샐러드용 새싹은 깨끗이 씻어 물기를 제거한다.
3. 재료를 분량대로 모두 섞어 소스를 완성한다.
4. 달걀은 깨서 볼에 담은 뒤 잘 푼다.
5. 카망베르치즈를 달걀에 담근 뒤 빵가루에 굴리고 이 과정을 한 번 더 반복한다.
6. 냄비에 식용유를 넣고 온도가 올라오면 치즈를 노릇하게 튀긴다.
   tip 빵가루를 식용유에 살짝 떨어트렸을 때 바로 떠오르면 튀기기 적정한 온도이다.
7. 튀긴 치즈는 식힘망이나 키친타월에 건져 기름을 뺀다.
8. 접시에 샐러드용 새싹을 담고 그 위에 튀긴 치즈를 올린 뒤 소스를 끼얹는다.

MOA'S *detail*
- 튀겨낸 직후 레몬 제스트와 트러플오일을 뿌려도 좋아요.
- 튀김이 어렵다면 에어프라이어를 사용하세요.
- 큐브형이 아닌 원형 치즈를 사용할 경우 외피를 제거해야 부드러운 식감을 느낄 수 있어요.

부라타치즈와 방울토마토
Burrata aux Tomates Cerises

부라타치즈는 신선한 우유 맛에 크림처럼 보드라운 질감을 가진 치즈예요.
생김새는 모차렐라치즈와 똑같이 희고 둥근 모양이지만 생모차렐라치즈
안에 몽글몽글한 우유 크림이 가득 차 있어요. 일반 치즈와는 달리 따로
숙성 과정을 거치지 않기 때문에 염도가 낮으면서 부드럽고 크리미해
샐러드를 만든다면 어느 재료와도 다 잘 어울리지요.

Ingredients 부라타치즈 1개 분량

부라타치즈 1개(125g), 컬러방울토마토 10~12개(250g)

바질 페스토(약 250g 분량)
생바질 1/2줌(50g), 파르메산치즈 50g, 마늘 2쪽(10g), 잣 30g,
올리브유 90ml, 소금 약간, 후추 약간

How to make
1. 바질, 파르메산치즈, 마늘, 잣을 볼에 담고 올리브유를 부어가며 핸드블렌더로 간 다음 소금, 후추로 간 해 바질페스토를 완성한다.
2. 방울토마토는 씻어 위쪽에 십자 칼집을 낸다.
3. 끓는 물에 소금을 약간 넣고 토마토를 30초간 데친 다음 얼음물에 식혀 껍질을 벗긴다.
4. 볼에 바질 페스토를 적당량 넣고 토마토를 버무린다.
5. 접시에 6을 담고 부라타치즈를 올린다.

MOA'S *detail*
- 파스타나 피자 소스로도 유용한 바질 페스토는 개인의 취향에 맞게 재료의 양을 늘리거나 줄일 수 있어요. 바질 외에도 고수, 민트, 딜 등 다른 허브로도 페스토를 만들 수 있답니다.
- 생허브를 구하기 쉽지 않은 겨울철에는 케일이나 루콜라, 시금치 등 녹색 채소를 활용해보세요. 만약 잣이 없다면 캐슈너트나 호두를 사용해도 좋아요.

팽 에리송
Pain Hérisson

팽 에리송은 빵 사이사이 끼운 치즈가 구워지면서 부푼 모양이 고슴도치를 닮았다 해서 지어진 이름이에요. 캉파뉴처럼 껍질이 단단한 빵 위에 칼집을 내고 그 사이사이에 마늘버터를 바른 다음 치즈를 끼워 넣어 오븐에 굽는답니다. 오븐에서 꺼내 테이블에 올려놓고 한 조각 손으로 집어냈을 때, 늘어나는 치즈를 보고 일제히 환호성을 올리던 친구들의 모습이 떠오르네요.

Ingredients 2~3인분

동그란 빵 1개(15cm), 라클레트치즈 1/2팩(약 100g),
버터 2큰술, 다진 마늘 1작은술, 파슬리가루 1작은술

How to make
1. 빵에 가로 세로 격자무늬로 깊게 칼집을 넣는다.
   tip 바닥까지 자르지 않아야 한다.
2. 라클레트치즈는 얇게 썬다.
3. 작은 볼에 녹인 버터와 다진 마늘, 파슬리가루를 넣고 섞는다.
4. 붓으로 빵의 윗부분과 칼집 사이사이에 3을 바르고 치즈를 끼운다.
5. 180℃로 예열한 오븐에 10~15분 정도 치즈가 녹을 때까지 굽는다.

MOA'S detail
- 버터 소스에 연유를 1큰술 더하면 익숙한 마늘빵의 맛을 낼 수 있어요.
- 치즈는 에멘탈, 그뤼에르, 콩테, 모차렐라 등 취향에 따라 바꿀 수 있어요.
- 치즈가 녹기도 전에 빵의 색이 진해진다면 유산지를 덮어 구우세요.

구운 비트 카르파초 & 리코타
Carpaccio de Betterave et Ricotta

여러 가지 효능 덕분에 건강 재료로 알려진 비트. 하지만 어떻게 조리해야 할지 몰라 대부분 갈아서 마시거나 피클로 만들어 먹는다는 이야기를 많이 들었어요. 프랑스 마트에 가면 익힌 비트를 개별 진공 포장해서 판매하는데요. 얇게 썰어서 카르파초를 만들거나 잘게 다져서 타르타르 스타일로 먹으면 훌륭한 전채요리가 된답니다. 개인적으로 생비트보다는 구운 비트의 단맛과 풍미를 정말 좋아해서 소개해 드려요.

Ingredients 1~2인분

비트 1개(300g), 리코타치즈 1/2팩(125g)

Dressing 발사믹 식초 1큰술, 올리브유 3큰술, 소금 적당량

Topping 헤이즐넛 또는 견과류 2큰술

How to make
1. 비트는 흐르는 물에 겉면을 깨끗이 씻은 뒤 물기를 닦아 낸다.
2. 비트를 종이포일로 감싸 오븐팬에 담은 다음 200℃로 예열한 오븐이나 에어프라이어에서 1시간 30분 정도 익힌다.
3. 비트 중앙을 칼로 찔렀을 때 푹 들어가면 꺼내 식힌다.
4. 볼에 발사믹 식초, 올리브유, 소금을 넣고 드레싱을 만든다.
5. 헤이즐넛 또는 견과류를 잘게 빻는다.
6. 식은 비트는 껍질을 벗겨낸 뒤 얇게 썬다.
7. 접시에 비트를 담고 리코타 치즈를 올린 뒤 견과류와 드레싱을 뿌린다.

MOA'S *detail*
- 비트는 한 번에 여러 개를 동시에 구운 뒤 껍질을 벗겨 소분해 보관하면 편리해요.
- 리코타치즈 외에도 모차렐라치즈나 부라타치즈를 사용해도 좋아요.

콘 수플레
Soufflé au Fromage et Maïs

마약 옥수수 아시나요? 뉴욕에 있는 쿠바 레스토랑에서 시작되어
우리나라에서도 유행한 적이 있었지요. 이번 레시피는 옥수수의 달콤함과
치즈의 짭조름함에 머랭의 폭신한 식감까지 더해져 한 입 먹는 순간
빠져나올 수 없는 마약 옥수수 수플레예요. 프랑스에서는 달콤한 디저트
수플레 외에 짭쪼름한 세이버리 수플레도 즐겨 먹는데요, 대부분 베샤멜
소스를 베이스로 하지만 크림치즈로 대신해 더 가벼운 식감을 내 보았어요.

Ingredients   중간 사이즈 수플레용기 2개 분량

옥수수 통조림 50g, **달걀노른자** 1개, **블록형 치즈 간 것** 30g, **크림치즈** 20g,
소금 약간, **후추** 약간, **파슬리가루** 약간, **달걀흰자** 2개 분량(75~80g),
설탕 20g, **카옌페퍼**(선택) 약간

How to make
1. 수플레용기에 버터(분량 외)를 바르고 그 위에 코팅용 설탕(분량 외)을 돌려 가며 입힌다.
2. 볼에 달걀노른자, 치즈가루, 크림치즈, 소금, 후추, 파슬리가루를 넣어 섞는다.
3. 옥수수의 물기를 빼고 2에 넣는다.
4. 흰자에 설탕을 조금씩 넣어가며 머랭(p.25p 참고)을 올린다.
5. 머랭을 3에 넣고 고무주걱으로 머랭이 꺼지지 않도록 살살 가볍게 젓는다.
6. 머랭 반죽을 수플레용기에 담는다.
7. 180℃로 예열한 오븐 또는 에어프라이어에서 10분 동안 굽는다.

MOA'S *detail*
- 수플레는 시간이 지날수록 가라앉으니 따뜻할 때 바로 드세요.
- 그라나파다노, 고다, 미몰레트 등과 같은 블록형 치즈를 직접 갈아서 사용하는 것이 좋아요.
- 오븐에서 나오자마자 수플레 위에 치즈를 한 번 더 뿌리고 카옌페퍼를 뿌려 매콤함을 더해 보세요.
- 카옌페퍼는 생칠리를 건조한 뒤 빻아 가루로 만든 향신료예요.

퐁뒤 사부아야르드
Fondue Savoyarde

흔히 퐁뒤fondue하면 스위스를 떠올리지만, 알프스 산자락에 위치한 프랑스 사부아Savoie지역에도 사부아식 퐁뒤라는 뜻의 '퐁뒤 사부아야르드Fondue Savoyarde'가 있어요. 퐁뒤는 프랑스어로 '녹이다'라는 뜻의 퐁드르fondre에서 유래되었고요. 치즈 퐁뒤는 일반적으로 치즈에 드라이한 화이트와인을 섞고 마늘, 후추, 넛메그 등의 향신료를 더해 불에 녹여 빵을 찍어서 먹어요. 사부아 지방 화이트와인 한 잔과 퐁뒤가 있다면 추운 겨울도 끄떡 없어요.

Ingredients 3인분

에멘탈치즈 1팩(250g), 그뤼에르치즈 1팩(200g), 콩테치즈 1팩(150g), 화이트와인 180ml(50ml+130ml), 옥수수전분 1작은술, 마늘 1쪽, 바게트 혹은 캉파뉴 1개

콩테치즈

How to make

1. 에멘탈치즈와 그뤼에르치즈는 작은 사이즈로 썰거나 간다.
2. 빵은 한입 크기로 깍둑썰고, 마늘은 반으로 자른다.
3. 퐁뒤 전용 워머에 버터를 넣고 녹으면 마늘을 넣어 안쪽에 전체적으로 발라 마늘 향을 입힌다.
   tip 전용 워머가 없다면 잔열이 오래 남는 주물냄비나 뚝배기 등을 사용해도 좋다.
4. 화이트와인 50ml에 옥수수전분을 푼다.
5. 남은 와인을 냄비에 붓고 끓기 시작하면 치즈를 조금씩 나누어 넣으면서 나무주걱으로 바닥에 '8' 모양을 그리며 섞는다.
   tip 치즈가 쉽게 탈 수 있으니 꼭 약불로 끓여야 한다.
6. 치즈가 다 녹으면 4를 넣어 농도를 조절한다.
7. 바닥에 치즈가 눌어 붙지 않게 나무주걱으로 잘 젓는다. 주걱을 들어 올렸을 때 치즈가 잘 늘어나면 완성이다.

MOA'S detail

- 와인은 달지 않은 화이트와인으로 준비해 주세요.
- 옥수수전분은 치즈가 부드러운 식감이 되도록 도와 줘요.
- 여러 치즈와 브랜디, 향신료를 넣어 만든 시판제품을 사용하면 편리해요.
- 후추와 넛메그가루, 키르슈Kirsch, 체리브랜디 등을 넣어 풍미를 더해 보세요.
- 그린 샐러드, 삶은 감자, 코니숑 오이피클, 머스터드 드레싱 등을 곁들여도 좋아요.
- 부드러운 빵보다는 약간 마른 듯한 하드 계열 빵을 사용하세요.

치즈 & 샤퀴트리 플레이트
Plateau de Fromage et Charcuterie

와인과 치즈에 진심인 분들을 위해 근사한 분위기를 연출할 수 있는 치즈 & 샤퀴트리 플레이트를 소개할게요. 치즈는 각기 다른 맛과 향, 텍스처를 가진 것으로 준비하세요. 그리고 가벼운 치즈부터 숙성이 많이 된 치즈 순으로 먹어 보세요. 종류별로 다양하게 놓는다면 치즈를 잘 모르는 사람부터 마니아층까지 모두가 즐길 수 있을 거예요. 또 각종 샤퀴트리의 짭짤한 맛은 와인과 훌륭한 궁합을 이루죠. 크래커 한 조각 위에 과일 잼을 바르고 프로슈토와 치즈를 함께 올리면 근사한 와인 안주가 된답니다.

Ingredients 25×17.5cm 크기 보드 기준

브리치즈 혹은 에푸아스치즈 1팩(125g), 미몰레트치즈 100g, 에멘탈치즈 100g, 그뤼에르치즈 70g, 블루치즈 50g, 체더치즈 50g, 페타치즈 30g, 아페리프레치즈 1팩, 프로슈토 1/2팩, 초리조 슬라이스 50g, 살라미 슬라이스 50g, 청포도 1/2송이, 크림슨 포도(씨 없는 적포도) 1/2송이, 그린올리브 20g, 크래커 30g, 그리시니 20g, 모듬견과 2봉(80g), 건포도 20g, 딸기잼 혹은 블루베리잼 2큰술, 레몬 슬라이스 2~3조각

How to make
1. 작은 용기를 여러 개 준비해 손으로 집어 먹기 좋은 크기의 재료들을 담아 보드 위에 군데군데 놓는다.
2. 용기 주변에 치즈와 각종 견과류, 크래커, 과일 등을 놓는다.
3. 보드 가운데에 오븐에 구운 브리치즈나 에푸아스치즈 등을 놓고 프로슈토, 초리조 등 나머지 재료를 보기 좋게 곁들인다.

1

2

3

LA CUISINE À *France*

당신의 눈동자에 건배를
Santé

유학 시절 가장 처음으로 접한 와인은 어느 파티 자리에서 마신 샴페인이었어요. 언어가 아직 익숙하지 않고 그 자리의 분위기도 와인도 모두 낯설기만 한데, 한 친구가 건배를 청해 왔죠. 아무 말 없이 수줍게 잔을 부딪치니, 그 모습을 본 친구가 친절하게 건배 에티켓을 알려준 기억이 나요.

먼저, 프랑스에서는 건배할 때 '상테Santé'라고 하는데, '서로의 건강과 행운을 위하여'라는 뜻이에요. 흔히 적당한 음주는 건강에 도움이 된다고 하니까요. 우리가 '짠'하며 술잔을 부딪치는 것처럼 가볍게 '친친tchin-tchin'이라고도 해요.

그리고 하나 더. '상테'를 외칠 때는 진심을 담아 상대방의 눈을 꼭 마주쳐야 한다고 해요. 이런 건배 문화는 중세 시대로 거슬러 올라가요. 유목민과 교역이 활발할 당시, 처음 만나는 사람들과 술잔을 세게 부딪혀 서로의 잔에 술이 섞이게 함으로써 술에 독이 들어 있지 않음을 확인하는 것에서 비롯되었다고 해요. 악수하거나 모자를 벗는 인사법 등의 기원처럼 적대적인 의도가 없다는 걸 보여주기 위한 풍습이 오늘날에는 눈을 마주보고 건배하거나 서로 덕담을 주고받는 아름다운 문화로 바뀌었답니다.

LA CUISINE À FRANCE 　당신의 눈동자에 건배를

일 플로탕트 *Île Flottante*

딸기 베린 *Verrine Fraise*

프로피테롤 *Profiterole*

바닐라 크렘 브륄레 *Crème Brûlée à la Vanille*

퐁당 오 쇼콜라 *Fondant au Chocolat*

타르트 오 폼므 *Tarte aux Pommes*

복숭아 클라푸티 *Clafoutis aux Pêches*

크레이프 쉬제트 *Crêpes Suzette*

사블레 브르통 *Sablé Breton*

피낭시에 *Financier*

뱅쇼 *Vin Chaud*

키르 로열 *Kir Royal*

모나코 & 트위스트 비어 *Monaco & Twist Bière*

My First French Cuisine

CHAPITRE
V

달콤한 미소가 지어지는 디저트와 드링크

일 플로탕트
Île Flottante

프랑스 카페, 브라세리*Brasserie**의 대표 디저트인 일 플로탕트는
'떠 있는 섬'이라는 뜻이에요. 처음 프랑스에 갔을 때 투명한 쿠프잔에
담긴 모습을 보고 빙수인가 생각했어요. 커스터드 크림 위에
머랭을 동동 띄운 모습이 마치 섬처럼 보여 붙여진 이름이래요.
입에 넣자마자 솜사탕처럼 녹아내리는 머랭의 식감, 부드러운 커스터드
크림, 캐러멜 향이 어우러져 입 안을 깔끔하게 정리해 줘요. 맛은
빙수와 전혀 다르지만, 여름에 어울리는 디저트인 건 분명하답니다.

MOA'S *detail*　・브라세리Brasserie : 가벼운 요리와 함께 술을 즐길 수 있는 프랑스식 레스토랑 겸 펍

Ingredients   200ml 쿠프잔 4컵 분량

Custard Cream   **커스터드 크림**
우유 500ml, 바닐라빈 1/2개, 달걀노른자 4개, 설탕 100g

Meringue   **머랭**
달걀흰자 2개 분량(약 75g), 설탕 25g

Topping   **토핑**
설탕 100g, 물 3큰술, 아몬드 슬라이스 적당량

How to make

1. 바닐라빈은 반으로 가른 후 씨를 긁어낸다.
2. 냄비에 우유를 넣고 바닐라빈 껍질과 씨를 넣어 데우다가 끓기 시작하면 불을 끄고 향을 우린 다음 바닐라 빈 껍질을 건져 낸다.
3. 볼에 달걀노른자와 설탕을 넣고 거품기로 하얗게 될 때까지 휘핑한다.
4. 3에 2의 절반을 넣고 잘 섞은 뒤, 다시 남은 우유가 있는 냄비에 붓는다.
5. 걸쭉한 농도가 될 때까지 약불에서 나무주걱으로 계속 저으며 익혀 커스터드 크림을 만든다.
6. 커스터드 크림이 완성되면 식혀서 냉장고에 보관한다.
7. 아몬드 슬라이스는 프라이팬에 약불로 색이 날 때까지 굽는다.
8. 흰자에 설탕을 조금씩 넣어가며 휘핑해 머랭(p.25 참고)을 만든다.
9. 완성된 머랭을 작은 유리볼에 1큰술 옮겨 담아 전자레인지에 10초간 돌린다.
10. 냄비에 설탕과 물을 넣고 약불로 끓이다가 갈색이 나면 불을 꺼 캐러멜 시럽을 만든다.
11. 쿠프잔에 차가운 커스터드 크림을 담고 9의 머랭을 띄운다.
12. 머랭 위에 캐러멜 시럽과 아몬드 슬라이스를 올린다.

MOA'S *detail*
- 커스터드 크림을 끓일 때는 달걀노른자가 응고될 수 있으니 84℃가 넘지 않아야 해요.
- 크렘 앙글레즈 Crème anglaise 라고도 불리는 커스터드 크림은 베리류, 다크 초콜릿과도 잘 어울려요.
- 캐러멜 시럽을 만들 때는 설탕이 굳을 수 있으므로 가열할 때 젓지 않는 것이 중요해요.

딸기 베린
Verrine Fraise

이번 레시피는 노버터 노오븐 디저트인 딸기 베린이에요. 베린은 작은 유리컵에 담아 떠먹는 음식이나 디저트를 뜻하지요. 처음으로 프랑스 지인의 집에 초대받았던 날 너무 맛있어서 부끄러움을 무릅쓰고 레시피를 받아 적었던 기억이 나네요. 미리 만들어 냉장고에 넣어 두면 바로 낼 수 있으니 손님 초대상 디저트로 강력 추천해요.

Ingredients 200ml 베린잔 3컵 분량

딸기 9~10개(250g), 마스카르포네치즈 160g, 요거트 160g,
설탕 1큰술, 스페퀄로스 쿠키 10개

How to make
1. 딸기는 세로로 길게 슬라이스한다.
2. 스페퀄로스 쿠키는 지퍼백이나 비닐봉지에 담아 밀대 등으로 살살 두드려 부순다.
3. 볼에 마스카르포네치즈, 요거트, 설탕을 넣고 핸드믹서나 거품기로 휘핑한다.
4. 베린잔에 부순 스페퀄로스 쿠키 1큰술, 치즈요거트, 딸기 순으로 켜켜이 담는다.

MOA'S *detail*
- 키위, 망고, 파인애플, 패션프루트 등 열대과일과도 아주 잘 어울려요.
- 스페퀄로스 쿠키 대신 오레오 쿠키, 통밀 쿠키 등 단단하고 수분에 강한 쿠키를 사용할 수 있어요.
- 산미가 강한 과일을 사용할 때는 요거트 대신 휘핑한 생크림을 넣는 것이 좋는 것이 좋아요.
- 치즈 요거트는 짤주머니에 넣어 짜면 편리하지만 없을 땐 스푼으로 조심스럽게 떠서 넣으세요.

프로피테롤
Profiterole

프로피테롤은 슈 반죽인 파트 아 슈 *pâte à choux*를 작고 동그랗게 만들어 구운 뒤 그 안에 아이스크림이나 커스터드 등으로 속을 채운 프랑스 대표 클래식 디저트예요. 슈 반죽은 에클레르*eclair*, 파리 브레스트 *Paris brest*, 생토노레*saint-honoré* 등 달콤한 디저트류 외에도 치즈가 들어간 슈인 구제르*gougère*나 세이버리 메뉴에 널리 사용되는 기본 반죽이랍니다.
작은 슈들은 언뜻 보기엔 투박하지만 크리스마스 트리 모양으로 쌓아 올리면 크로캉부슈*croquembouche* 라는 아주 멋진 프랑스 전통 웨딩 케이크로 변신하기도 해요.

Ingredients **약 30개 분량**

물 125ml, 버터 50g, 설탕 6g, 소금 2g, 밀가루(박력분) 75g, 달걀 2개

Topping 바닐라 아이스크림 적당량, 초콜릿 시럽 적당량

How to make
1 밀가루는 체 치고 달걀은 풀어 둔다.
2 냄비에 물, 버터, 설탕, 소금을 넣고 저으면서 끓기 시작하면 냄비를 불에서 내린다.
3 밀가루를 2에 한 번에 넣고 반죽을 재빠르게 주걱으로 섞는다.
4 불에서 내린 냄비를 다시 약불에 올리고 1분 정도 더 젓는다.
5 불을 끄고 한 김 식힌 뒤 달걀을 2~3번에 나눠 넣으며 다시 섞다가 주걱으로 들어 올려 부드럽게 천천히 떨어지면 마무리한다.
6 원형 깍지를 끼운 짤주머니에 5를 넣고 유산지를 깐 팬에 지름 4~5cm 크기의 동그란 모양으로 짠다.
   tip 반죽은 굽는 동안 많이 부풀어 오르기 때문에 간격을 충분히 두고 짜야 한다.
7 180℃로 예열한 오븐에서 30분 동안 굽는다.
8 슈가 완전히 식으면 위쪽 1/3 부분을 자른다.
9 슈 밑부분에 아이스크림을 얹고 잘라 놓은 윗부분을 덮은 뒤 초콜릿 시럽을 뿌린다.

MOA'S *detail*
• 부드러운 식감의 슈를 원한다면 반죽에 물 대신 우유를 넣어 보세요.
• 슈 반죽은 미리 짜 놓고 냉동보관했다가 필요할 때 꺼내 쓰면 편리해요.
• 반죽을 구울 철판은 미리 예열하고, 반죽이 충분히 부풀지 않을 수 있으니 슈를 굽는 동안에는 오븐 문을 열지 마세요.
• 아이스크림 외에도 샹티이 크림, 가나슈, 무슬린 크림 등을 채워 보세요.

바닐라 크렘 브륄레
Crème Brûlée à la Vanille

영화 '아멜리에' 보셨나요? 주인공이 크렘 브륄레*crème brûlée*를 깨기 위해
스푼을 들고 설렘 가득한 미소를 짓고 있는 포스터가 인상적이죠.
크렘 브륄레는 '불에 태운 크림'이라는 뜻으로 남녀노소 불문하고
즐겨 먹는 프랑스 국민 디저트랍니다. 설탕을 입힌 뒤 윗면을 불에
그을리면 유리처럼 얇고 바삭한 캐러멜 층이 생기는데요. 스푼으로 톡톡
깨트리면 안쪽의 부드러운 크림을 만날 수 있답니다.

Ingredients 지름 10cm 오븐용기 4개분

생크림 250ml, **바닐라빈** 1/2개(혹은 바닐라 에센스 1작은술),
달걀노른자 3개, **설탕** 50g, **황설탕** 약간

How to make
1. 바닐라빈은 세로로 반 갈라서 씨를 긁어낸다.
2. 냄비에 생크림을 넣고 바닐라빈 껍질을 넣어 향을 우린 다음 바닐라빈 껍질을 건져 낸다.
   tip 바닐라빈이 없다면 2번까지의 과정은 생략한다.
3. 볼에 달걀노른자, 설탕, 바닐라빈 씨(또는 바닐라 에센스)를 넣고 거품기로 뽀얗게 될 때까지 힘차게 섞는다.
4. 3에 2의 크림을 천천히 부으며 잘 섞은 뒤 체에 거른다.
5. 오븐용기에 4를 90%까지 담고 따뜻한 물을 채운 오븐팬에 옮긴다.
6. 110℃로 예열한 오븐에 45분 동안 중탕으로 익힌다.
7. 다 익으면 꺼내 식힌 뒤 냉장고에 보관한다.
8. 차가워진 크림 위에 설탕을 골고루 뿌린 다음 토치를 이용해 표면에 황금색이 날 때까지 녹인다.

MOA'S *detail*
- 카카오, 녹차, 홍차 등을 넣어 만들 수도 있어요.
- 깊은 용기보다는 낮고 평평한 라메킨에 담으세요.
- 오븐에 넣고 40분이 지나면 굽기를 체크하세요. 흔들었을 때 살짝 출렁이면 완성이에요.
- 토치가 없다면 직화에 달군 숟가락 뒷부분을 설탕 위에 살포시 얹는 과정을 반복해 녹입니다.

퐁당 오 쇼콜라
Fondant au Chocolat

퐁당은 프랑스어로 '녹아내린다'라는 의미이고, 쇼콜라는 초콜릿을 뜻해요.
이름 그대로 오븐에서 갓 꺼내 따뜻한 초콜릿이 녹아 흘러내리는 케이크입니다.
달콤 쌉사래한 맛에 마음까지 부드럽게 녹여주는 진한 다크초콜릿 향과 함께
따뜻한 커피 한 잔 곁들이면 나만의 홈카페가 완성되지요.

Ingredients 지름 8cm 정도의 오븐용기 4~5개 분량
다크초콜릿 커버춰 100g, 버터 100g, 설탕 60g, 달걀 3개, 밀가루 50g,
소금 약간, 데코스노우 약간

How to make
1. 밀가루는 체 쳐 준비한다.
2. 오븐용기에 버터(분량 외)를 충분히 바른다.
   tip 실리콘틀일 경우 생략한다.
3. 초콜릿과 버터를 유리볼에 담아 전자레인지에 녹인다.
4. 설탕과 달걀을 거품기로 섞은 후 체 친 밀가루를 더한다.
5. 녹인 초콜릿과 버터, 소금을 4의 반죽에 넣고 섞는다.
7. 오븐용기에 반죽을 나눠 담는다.
8. 180℃로 예열한 오븐에 8분 동안 굽는다.
9. 오븐에서 꺼낸 후 접시에 뒤집어 올려 용기를 분리하고 데코스노우를 뿌린다.

MOA'S detail
- 초콜릿 중앙이 흐르지 않고 촉촉할 정도로만 만들고 싶다면 3분 정도 더 익히세요.
- 샹티이 크림, 커스터드 크림(p.173 참고), 베리 콩포트를 곁들여도 좋아요.
- 남은 케이크는 냉동실에 보관했다가 먹기 전 전자레인지에 살짝 데워서 드세요.

타르트 오 폼므
Tarte aux Pommes

타르트틀 없이도 사과 타르트를 쉽게 만들 수 있는 비법을
알려 드릴게요. 모양새는 투박하고 소박하지만, 맛만큼은 절대
보장해요. 사과 타르트를 굽는 동안 주방 가득 퍼지는 달콤한
시나몬, 사과 향을 맡고 있노라면 저도 모르게 미소가 지어져요.
따뜻할 때 차가운 아이스크림을 함께 곁들여 보세요.
그 매력에서 헤어나올 수 없을 거예요.

CHAPITRE V ◉ 달콤한 미소가 지어지는 디저트와 드링크

Ingredients   지름 25cm 타르트 1개 분량

Dough   밀가루 250g, 버터 100g, 설탕 60g, 소금 약간, 물 50ml

Topping   사과 3~4개, 녹인 버터 30g, 황설탕 60g, 시나몬 가루 1작은술

How to make
1. 볼에 밀가루, 버터, 설탕, 소금을 넣고 손 또는 믹서를 이용해 반죽한다.
2. 물을 조금씩 더하면서 반죽을 뭉친다.
3. 반죽을 랩으로 감싸 냉장고에서 30분 정도 휴지시킨다.
4. 사과를 씻어 가운데 씨 부분을 제거한 뒤 슬라이서를 이용해 0.3cm 정도의 두께로 슬라이스한다.
5. 휴지시킨 3의 반죽을 꺼내 유산지 2장 사이에 놓고 밀대를 사용하여 0.3cm 두께로 민다.
6. 반죽 위에 황설탕 1/3 분량을 골고루 뿌린다.
7. 반죽 가장자리를 5cm 정도 남기고 슬라이스한 사과를 올린 뒤 반죽 끝부분을 안으로 접는다.
8. 볼에 녹인 버터, 남은 황설탕, 시나몬가루를 섞어 타르트 가장자리와 사과 위에 골고루 바른다.
9. 180℃로 예열한 오븐에 40분 동안 굽는다.

MOA'S *detail*
- 시나몬가루는 취향에 따라 가감하세요.
- 사과는 껍질을 벗겨 사용해도 무방해요. 하지만, 껍질이 있으면 색깔이 더 예뻐요.
- 자두, 복숭아, 살구 등 주재료를 바꿔서 만들어도 좋아요.

복숭아 클라푸티
Clafoutis aux Pêches

부드럽고 달콤 상큼한 클라푸티는 체리, 복숭아, 살구, 블루베리, 서양배, 오디, 망고 등 여름 과일과 잘 어울리는 프렌치 브레드 푸딩이에요. 오븐에 갓 구운 따뜻한 상태로 먹어도 좋고 차갑게 식어도 맛있어요. 제철이 아닐 때는 쉽게 구할 수 있는 황도 캔을 사용하여 간편하게 만들어 보세요.

Ingredients 지름 13cm 오븐용기 4개 분량
황도 1캔(400g), 우유 135ml, 설탕 45g, 달걀 2개, 밀가루(박력분) 20g, 데코스노우 약간

How to make
1. 황도를 체에 걸러 물기를 제거한다.
2. 오븐용기에 버터(분량 외)를 바르고 황도를 가지런히 얹는다.
3. 우유는 따뜻하게 데운다.
4. 볼에 설탕과 달걀을 넣고 거품기로 섞은 후 밀가루를 더해 섞는다.
5. 데운 우유에 4를 부어 섞은 다음 체에 내린다.
6. 오븐용기에 담은 황도에 5를 윗면이 잠기기 전까지 붓는다.
7. 170℃로 예열한 오븐 또는 에어프라이어에서 25분 동안 굽는다.
8. 오븐에서 꺼낸 뒤 데코스노우를 뿌려 마무리한다.

MOA'S detail
- 반죽에 럼이나 과일 리큐어 등을 넣거나 마지막에 시트러스 제스트를 뿌리면 풍미가 더욱 좋아져요.
- 큰 용기에 반죽을 한 번에 구울 때는 굽는 시간을 늘리고 반죽이 다 익었는지 확인하세요.

크레이프 쉬제트
Crêpes Suzette

브르타뉴Bretagne의 상징인 크레이프를 얇게 부쳐 캐러멜화한 설탕,
버터, 오렌지 제스트와 즙으로 만든 쉬제트 소스를 듬뿍 얹었어요.
프랑스 고급 레스토랑에 가면 홀 직원들이 손님 테이블 앞에서
쉬제트 소스와 크레이프가 담긴 팬에 따뜻하게 데운 그랑 마르니에Grand Marnier, 오렌지 리큐어를 부어 플람베*하는 화려한 퍼포먼스를 선보여요.
향긋한 오렌지 향이 가득 담긴 소스에 촉촉하게 구워진 크레이프가
어우러져 더욱 먹음직스럽답니다.

MOA'S *detail* · 플람베Flambé는 잡내를 제거하거나 향을 입히기 위해 조리 중인 요리에 도수 높은
술을 넣어 불을 붙이는 조리법이에요.

Ingredients **2인분**

Batter **크레이프 반죽**
밀가루(박력분) 125g, 설탕 10g, 소금 약간, 달걀 2개, 우유 250ml, 버터 25g

Sauce **오렌지 소스**
오렌지 1개(180g), 설탕 60g, 버터 60g, 오렌지 주스 180ml, 레몬즙 1큰술

How to make **크레이프 반죽**

1 볼에 체 친 밀가루와 설탕, 소금을 섞는다.
2 1에 달걀을 한 개씩 나누어 넣고 거품기로 섞은 다음 차갑지 않은 우유를 조금씩 넣으면서 섞는다.
3 체에 한 번 거른 뒤 버터를 섞어 크레이프 반죽을 완성하고 냉장고에 넣어 숙성시킨다.

오렌지 소스

4 오렌지는 필러로 껍질을 얇게 벗겨낸 뒤 채 썰고, 과육은 반달 모양으로 슬라이스한다.
5 팬에 설탕을 넣고 캐러멜화되기 시작하면 버터를 넣고 녹인다.
6 오렌지 주스와 오렌지 제스트를 더한 뒤 소스를 졸이다가 레몬즙을 넣고 마무리한다.
7 달궈진 프라이팬에 버터(분량 외)를 두른 뒤 크레이프 반죽을 얇게 펴 양면을 익힌다.
8 완성된 크레이프 3장을 각각 1/4 크기로 접어 프라이팬에 다시 올리고 오렌지 소스를 끼얹는다.
9 접시에 옮겨 담은 다음 오렌지 과육을 올린다.

MOA'S *detail*
- 크레이프 반죽은 뭉치지 않도록 매끄러운 상태로 풀어 주세요.
- 남은 반죽은 냉동보관해서 사용할 수 있어요.
- 오렌지는 위와 아래를 자르고 세로로 속껍질까지 깎아낸 후 칼을 속껍질과 과육 사이사이에 넣어 과육만 발라내 사용하세요.
- 오렌지 소스 대신 다음 조합으로 응용해도 맛있어요.
  ▶ 바나나 – 누텔라, 사과처트니 – 시나몬, 딸기 – 샹티이 크림, 바닐라 – 솔티드캐러멜

사블레 브르통
Sablé Breton

따뜻한 차와 완벽한 파트너인 사블레 브르통은 팔레 브르통*palets bretons*이라고도 불리는 브르타뉴 지방의 쿠키예요. 모래알처럼 바삭하게 부서지는 식감이 일품인 사블레 브르통 맛의 비결은 품질 좋은 버터인데요, 버터가 듬뿍 들어가 은은하게 퍼지는 고소함과 부드러운 풍미를 자랑하는 과자랍니다. 좋은 사람들에게 마음을 표현하고 싶을 때 만들어 선물해 보세요.

Ingredients 15~18개 분량

달걀노른자 3개, 설탕 100g, 버터 120g, 소금 1/2 작은술,
밀가루(박력분) 200g, 베이킹파우더 5g

How to make
1. 밀가루와 베이킹파우더를 섞어 체 친다.
2. 볼에 달걀노른자와 설탕을 넣고 뽀얗게 될 때까지 거품기로 세게 섞는다.
3. 상온에 미리 꺼내 두어 부드러워진 상태의 버터와 소금을 1에 넣고 섞는다.
4. 체 친 밀가루와 베이킹파우더를 2에 넣고 나무주걱으로 섞어 한 덩어리로 뭉친다.
5. 랩으로 싸서 냉장고에서 3시간 이상 휴지시킨다.
6. 반죽을 유산지 2장 사이에 놓고 0.5cm 두께로 민 다음 지름 5cm 정도의 원형틀로 찍어 낸다.
7. 머핀틀 또는 원형틀에 담아 160℃로 예열한 오븐에서 15분 동안 굽는다.

MOA'S *detail*
- 반죽 마지막 단계에서 바닐라, 레몬 제스트, 오렌지 제스트 등을 넣으면 맛에 변주를 줄 수 있어요.
- 사이즈를 크게 만들어 타르트셸로 사용하기도 해요.

1

4

6

피낭시에
Financier

마들렌과 더불어 구움과자의 양대 산맥인 피낭시에는 프랑스 증권가에서 탄생했다고 해요. 금괴를 닮은 모양과 황금빛이 특징이에요. 깊은 향과 풍미는 갈색이 날 때까지 가열한 뵈르 누아제트 *Beurre Noisette*에서 온답니다. 겉은 바삭하고 쫄깃하면서 안은 촉촉한 피낭시에는 티타임에 너무도 사랑받는 과자죠.

Ingredients 미니 피낭시에틀 20개 분량

버터 125g, 슈거파우더 150g, 밀가루(박력분) 50g, 아몬드파우더 50g, 달걀흰자 125g(약 3개 분량)

Topping 피칸, 호두, 산딸기, 블루베리 적당량

How to make
1. 냄비에 버터를 넣어 거품이 나고 갈색이 돌 때까지 끓인 뒤 체에 걸러 식힌다.
2. 슈거파우더, 밀가루, 아몬드파우더를 섞어 체 친다.
3. 볼에 체 친 가루류를 넣고 달걀흰자를 섞은 뒤 1을 더해 반죽을 만든다.
4. 반죽을 짤주머니 또는 스푼으로 작은 틀에 나눠 담는다.
5. 반죽 위에 견과류나 과일 등을 얹어 210℃로 예열한 오븐에서 10분 동안 굽는다.
6. 오븐에서 꺼내 10분 정도 그대로 두었다가 틀에서 꺼내 식힌다.

MOA'S detail
- 피낭시에틀이 없다면 머핀틀을 사용하세요.
- 반죽을 과하게 섞으면 공기가 많이 들어가 식감이 퍼석해질 수 있어요.
- 레몬 제스트, 아몬드 슬라이스, 과일 콩피 등을 얹어 만들기도 해요.

1

3

4

# 뱅쇼
Vin Chaud

프랑스어로 뱅*vin*은 '와인', 쇼*chaud*는 '따뜻한'이라는 뜻이에요. 유럽 전역에서 다양한 명칭으로 불리는데, 특히 프랑스 알자스 지역과 독일 지역에서는 글뤼바인*Glühwein*으로도 잘 알려져 있죠. 주로 레드 와인에 팔각, 정향, 시나몬 등의 향신료와 오렌지, 사과 등의 비타민이 풍부한 과일을 함께 넣어 끓이는데, 향신료가 들어간 와인이 면역력을 높이고 병을 피하게 한다고 해서 프랑스에서는 몸살 기운이 있을 때나 감기를 예방하기 위해 많이 마셔요. 또한 크리스마스 시즌에 크리스마스 마켓*Marche de Noel*에 가면 길거리에서 뱅쇼를 판매하는 노점상이 많은데, 많은 사람들이 뱅쇼 한 잔과 함께 추위를 녹이며 축제를 즐기는 모습을 쉽게 볼 수 있어요.

Ingredients 200ml 컵 4잔 분량

레드와인 750ml, 오렌지 1개, 레몬 슬라이스 3장, 설탕 4큰술, 시나몬스틱, 정향, 팔각 적당량

How to make
1. 오렌지는 베이킹소다(분량 외)로 표면을 문질러 깨끗이 씻는다.
2. 오렌지는 필러를 이용해 제스트(표면의 색이 있는 부분)를 깎아 내고 과육 부분은 가로로 얇게 슬라이스한다.
3. 모든 재료를 냄비에 넣고 끓기 시작하면 약불에서 10분 동안 더 끓인다.
4. 불을 끄고 냄비에 30분 정도 둔다.
5. 체에 거른 후 병에 담는다.

MOA'S *detail*
- 뱅쇼는 끓인 후 바로 마셔도 되고, 유리병에 담아 냉장보관했다가 마시기 전에 따뜻하게 데워 마셔도 돼요.
- 비싼 와인보다는 저렴한 와인을 사용하세요. 끓이는 동안 어느 정도 알코올이 날아가기 때문에 술을 즐기지 않는 친구들을 위한 초대 음료로 좋아요.
- 향신료는 호불호가 강하니 취향에 맞게 더하거나 빼세요.

키르 로열
Kir Royal

키르 로열은 프랑스에서 파티나 행사 때 마시는 대표 식전주*apéritif*예요. 키르*Kir*는 프랑스 부르고뉴 디종*Dijon*지방의 시장을 지낸 펠릭스 키르*Félix Kir*가 고안한 칵테일로, 전통 키르는 디종시 특산품인 크렘 드 카시스*Crème de Cassis*에 부르고뉴산 알리고테 품종의 화이트와인을 넣어 만들어요.
키르 로열은 블랙커런트 리큐어인 크렘 드 카시스에 화이트와인 대신 샴페인 또는 스파클링 와인을 혼합해 짙은 붉은 색의 거품이 매력적인 프렌치 칵테일이에요.

Ingredients 200ml 샴페인 플루트잔 1잔 분량
샴페인 또는 스파클링와인 160ml, 블랙커런트 리큐어 1큰술, 산딸기 4~5개

How to make
1. 샴페인잔에 산딸기를 넣는다.
2. 블랙커런트 리큐어를 넣고 샴페인을 채운다.

모나코 & 트위스트 비어
Monaco & Twist Bière

프랑스 국민 칵테일 맥주를 아시나요? 바로 모나코와 트위스트인데요. 프랑스뿐만 아니라 스위스나 벨기에에서도 많은 사랑을 받고 있죠. 크리스마스 맥주라는 별명이 있는 모나코는 프랑스 어느 비스트로에서나 만날 수 있어요. 길고 투명한 잔에 영롱한 붉은빛을 뿜어내는 차가운 맥주 위 풍성한 거품. 맥주를 잘 못 마시는 저도 처음 맛보았을 때 씁싸래한 맛 뒤에 느껴지는 석류의 달콤한 맛에 바로 빠져들었죠. 트위스트는 프랑스 사람들이 특히 여름철에 즐겨 마시는 맥주 칵테일이에요. 맥주에 레몬 시럽만 섞으면 완성이랍니다. 언젠가 파리에 다시 간다면 뜨거운 햇살 아래에서 시원한 모나코 한잔하고 싶어요.

Ingredients 300ml 맥주잔 2잔 분량
맥주 1캔 (500ml), 석류 시럽 1큰술, 레몬 시럽 2큰술, 스프라이트 50ml

How to make
1 맥주잔에 각각의 시럽을 담는다
2 [모나코] 석류 시럽이 들어간 잔에 스프라이트와 맥주 1/3를 붓고 섞는다.
3 [트위스트] 레몬 시럽이 들어간 잔에 남은 맥주를 붓고 섞는다.

LA CUISINE À *France*

프랑스에서
가장 행복했던 순간

2004년 낭트Nantes 요리 학교 1학년이 끝날 즈음, 제 인생 첫 스타주Stage*를 나가게 되었어요. 스타주는 전국적으로 배치가 되는데 대부분의 친구가 낭트 또는 파리의 레스토랑으로 배정을 받았어요.
파리에 대한 환상이 가득할 때여서 내심 파리로 배정되길 기다렸는데 그동안 들어본 적도 없고 직행열차도 없는 아주 작은 해안가 호텔에 배정받았어요. 그렇게 저는 브르타뉴Bretagne에 있는 오디에른Audierne으로 떠나게 되었답니다. 살짝 실망감을 안고서요.
그런데 막상 도착한 곳은 푸른 사파이어 빛깔의 바다가 돋보이는 정말 아름다운 곳이었어요. 호텔 사람들은 친절했고 저를 따뜻하게 맞아 주었어요. 그런데도 어쩐지 마음속 깊은 곳에는 이방인의 느낌을 지울 수 없었지요.
그러던 어느 날, 주방에서 열심히 일하던 중 갑자기 지배인님이 부르셨어요.
"모아, 홀에 계신 손님 중에 널 꼭 만나고 싶다고 하는 분이 계셔. 잠깐 나와서 인사할 수 있니?"
'아니 누가 나를 찾는다는 말이지?' 저는 그 말을 듣고 허둥지둥 홀 쪽으로 나왔어요. 그곳에는 아주 곱고 아름다운 중년의 동양인 여성 분과 서양 신사분이 계셨어요.

MOA'S *detail* • 스타주Stage는 프랑스어로 실습, 연수라는 뜻으로, 유명 셰프나 미슐랭 레스토랑 같은 고급 레스토랑 또는 지역 레스토랑에서 테크닉과 스타일을 배우기 위해 무보수로 일하는 인턴이에요. 미쉐린 스타 레스토랑에서 스타주를 할 기회는 특권일 뿐 아니라 꼭 거쳐야만 하는 과정이지요.

'일본 분인가?' 생각하던 찰나, 여성분께서 "안녕하세요" 하며 저에게 한국말로 인사를 건넸어요. 지배인님이 "이 부부는 레스토랑의 오랜 단골인데 한국인 직원이 있다는데 놀라고 그 직원이 설거지 담당인 플롱제Plongeur가 아니라 요리사라는 데 또 놀랐다"고 귀띔해 주었어요. 깜짝 놀라기는 저도 마찬가지였죠. 이런 깡촌에서 한국인을 만나다니요! 그 여성 분은 한국 음식이 그립지 않느냐며 브레이크 타임에 놀러오라고 집으로 초대해 주고 당신을 이모라고 부르라고 하셨어요. 그렇게 저는 그날 오후, 따뜻한 밥과 감동의 김치찌개, 손맛 가득한 반찬을 맛볼 수 있었답니다. 그날부터 거의 하루도 빠지지 않고 브레이크 타임에 자전거를 타고 '이모' 댁으로 가서 행복한 시간을 보냈어요.

이모의 요리에 대한 열정과 손맛은 누구도 따라올 수 없었죠. 오디에른에는 5일장이 있었는데 우리는 장날이면 신선한 채소와 고기, 생선, 해산물, 치즈, 과일을 잔뜩 구입한 후 푸드트럭에서 파는 브르타뉴 전통음식인 크레이프를 한 장씩 먹고 돌아오는 것이 일상이 되었지요. 그리고는 사람들을 초대해 장을 봐온 재료들로 코스 요리를 만들어 음식을 함께 나누어 먹곤 했어요.

좋은 사람과 좋은 재료로 함께 맛있는 요리를 나누는 것만큼 행복한 일이 있을까요? 이모 댁에는 늘 따스한 햇살이 깃드는 선룸이 있었는데 그곳에 앉아 차나 와인 한 잔을 즐기며 이모와 도란도란 요리 이야기를 나눴던 시간이 무척 그립고 그립습니다.

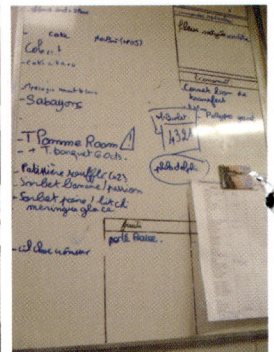

나의 첫 번째 프랑스 요리
My First French Cuisine

저 자 김모아
발행인 장상원
편집인 이명원

초판 1쇄 | 2022년 2월 15일

발행처 (주)비앤씨월드 출판등록 1994.1.21 제 16-818호
주소 서울특별시 강남구 선릉로 132길 3-6 서원빌딩 3층
전화 (02)547-5233 팩스 (02)549-5235 홈페이지 http://bncworld.co.kr
블로그 http://blog.naver.com/bncbookcafe 인스타그램 @bncworld_books
진행 이선경 디자인 박갑경 사진 허인영(STUDIO HER) 협찬 구르메 F&B
ISBN | 979-11-86519-49-3 13590

text©김모아, B&C WORLD LTD., 2022 printed in Korea
이 책은 신 저작권법에 의해 한국에서 보호받는 저작물이므로
저자와 (주)비앤씨월드의 동의 없이 무단전재와 무단복제를 할 수 없습니다.